산티데바 보살의 『입보살행론』은,
부처님께서 법을 설하신 이후
보리심을 주제로 하는 논서 가운데
이보다 더 뛰어난 논서는 없다고 할 만큼,
보리심에 대한 가르침을
가장 자세하고도 광범위하게 담고 있어서
최근까지도 보리심에 관한 논서 가운데
가장 뛰어난 논서로 꼽히고 있습니다.

gTan-dGeḥi sMon-Lam bCas
(보리심으로 지복에 이르는 보살의 길을 걷는 모든 이들에게)
오래도록 좋은 일이 있기를 기원합니다.

- 달라이 라마 -

샨티데바(Śāntideva) 보살

샨티데바 보살의 티벳 이름은 시왈하(Shi-ba lha)이며, 한문으로는 적천(寂天)이라 번역한다. 기원 8세기 무렵의 인도 중관학의 학승(學僧)으로 17논사(論師) 가운데 한 분이다. 본래 사우라스뜨라(Saurāṣṭra)국의 왕자로서 이름을 샨띠바르만(Śantivarman, 寂鎧)이라 하였다. 어릴 때 여러 학문을 수학하고 특히 한 수행자로부터 문수사리성취법(Tīkṣṇa-mañjuśrī-sādhana)을 배우고 문수보살 진신(眞身)을 친견하였다. 부왕이 돌아가시고, 왕자가 즉위할 전날 문수보살의 현몽을 받고 날란다 사에 가서 자와데바(Javadeva)를 의지하여 출가하고 샨티데바라 하였다. 날란다에서 『대승집보살학론(Śikṣā-samuccaya)』, 『입보리행론(Bodhisattva-caryāvatāra)』, 『제경집요(sūtra-samuccaya)』를 지었고, 샹카라데바(Śaṅkaradeva)와 외도들을 논파하고 카따비하라(Khatavihāra)왕과 그 인민들의 귀의를 받기도 했다. 중관(中觀)의 공성의 지혜를 바탕으로 「보리심」을 어떻게 일으키고 수행할 것인가에 대해 명쾌하게 정리한 『입보리행론(티벳역:입보살행론)』은 특히 유명한데, 그 이외에도 티벳대장경에는 샨티데바 보살의 밀교경전(탄트라) 주석도 몇 가지 전해지고 있다.

석혜능 스님

동국대학교 불교대학, 동대 불교문화대학원, 해인총림율원, 영산율원, 일본 진언종 총본산 高野山 金剛峰寺 寶城院, 인도 다람살라 규뙤密敎大學(上密院) 등지에서 수학 연찬하고, 해인총림 율원장, 직지사 승가대학 학장을 역임하였다. 한국역경학회(마하카샤파학회)에서 람림첸모(보리도차제광론)를 공동번역한 법연으로 달라이 라마 존자님과 까르마파 존자님으로부터 『입보리행론』과 『람림[보리도차제]』, 「마하무드라」에 근거한 구전과 가르침을 받았으며, 현재 인도 다람살라 규뙤사원(티베트불교 겔룩파 밀교대학)과, 한국 람림의 마을 원적산 보리원 람림학당에서 역경과 수행에 정진하고 있다.

『묘법연화경』, 『법화경의 세계』, 『싱갈라를 가르치다』, 『계율연구집성(비구계의 연구 4권, 비구니율의 연구 1권, 원시불교의 연구 1권)』, 『반야이취경 강해』, 『까규뙨람 대기원법회 독송집』, 『입보살행론』, 『마하무드라』, 『티베트밀교명상법』, 『티베트불교수행설계도』, 『감로의정수』, 『성 묘길상진실명경』(공역), 『도해 쫑카빠』(람림, 깨달음의 길을 말하다), 『도해 화엄경』, 『문수사리에게 깨달음에 이르는 세 가지 길을 듣다』, 『〈반야학〉입문』, 『원시불교 교단의 연구』, 『밀교, 마음의 부처 찾아가는 가장 빠른 길』 등 기타의 번역서가 있다.

입보살행론
지복에 이르는 보살의 길

초 판 발 행 : 불기 2553(2009)년 3월 28일
개정초판인쇄 : 불기 2569(2025)년 4월 28일
개정초판발행 : 불기 2569(2025)년 5월 5일

지 은 이 : 샨티데바 보살
편   역 : 석 혜 능

펴 낸 곳 : **도서출판 부다가야**
　　　　　주소. 울산광역시 울주군 웅촌면 은하1길 16-3
　　　　　보리원 람림학당 전화. 052)227-4080
등   록 : 2024년 7월 23일
등록번호 : 제 373-2024-000006호

편집디자인 : **대한기획**
　　　　　전화. 051)866-7818 팩스. 051)864-7075
　　　　　E-mail. daehan5680@daum.net

ISBN 979-11-988735-3-8 (03220)

값 20,000원

입보살행론

지복에 이르는 보살의 길

샨티데바 보살 지음
석혜능 편역

부다가야

차 례

제1장 **보리심의 공덕** · · · · · · · · · · 13

제2장 **악업의 정화** · · · · · · · · · · 29

제3장 **행보리심 일으키기** · · · · · · · · · · 55

제4장 **보리심 지키기** · · · · · · · · · · 71

제5장 **지계와 정지**(正知) · · · · · · · · · · 91

제6장 **인욕바라밀** · · · · · · · · · · 131

제7장 **정진바라밀** · · · · · · · · · · 181

제8장 **선정바라밀** · · · · · · · · · · 209

제9장 **지혜바라밀** · · · · · · · · · · 275

제10장 **회향품** · · · · · · · · · · 337

후기 · · · · · · · · · · 359

입보살행론
지복에 이르는 보살의 길

인도말로는　『보디삿뜨바짜리야 아바따라』(入菩提行論)
티벳말로는　『장춥셈빼 · 쬐빨라 · 죽빠』(入菩薩行論)
한국말로는　『보살행에 들어가는 길』

제1장
보리심의 공덕

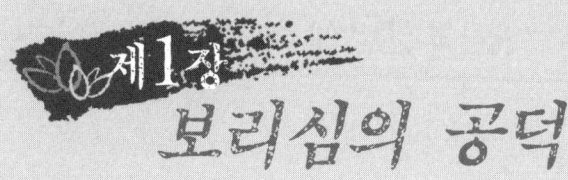

입보살행론
지복에 이르는 보살의 길

སངས་རྒྱས་དང་བྱང་ཆུབ་སེམས་དཔའ་ཐམས་ཅད་ལ་ཕྱག་འཚལ་ལོ།

모든 불보살님께 예경 드리나이다.

제1장 보리심의 공덕

序 言
1. 예경을 드리고 종지를 말한다

1:1 법신인 부처님(=善逝)과 다르마(法)
그리고 법신의 불자(=菩薩)로서
예경받아 마땅하신 모든 분들께 예경 드리나이다.
모든 불자의 율의(律儀=보살행)에 들어가는
수행법에 대해, 전승된 경전(=阿含)에
근거하여 간명하게 말하고자 하나이다.

2. 겸손하게 목적을 밝힌다

1:2 이전에 부처님이 설하시지 않은 것을
여기에 말한 것은 없으며
저에게는 능숙한 문장력도 없으니
따라서 저는 다른 사람을 위해서라는 생각보다
단지 제 마음에 익숙하게 하기 위해 이것을 짓나이다.

1:3 제가 이것을 지음으로써, 선업을 행하려고 하는
저의 신심과 깨달음이 증가하고
저와 선연(善緣)이 같아 함께 하는 사람들도
이것을 본다면 이익을 얻게 될 것이나이다.

I. 보리심의 所依를 밝힌다
 1. 유가구족의 몸을 얻기 어려움을 사유한다

1:4 너무나 얻기 어려운 가만(暇滿)의 이 몸을 얻었으니
고귀한 인생을 의미 있게 할 수 있는데도
지금 이것을 이용하여 인간의 몸 받은 이익을
이루지 못한다면 어떻게 다시 이런 기회를
얻을 수 있으리이까.

 2. 선심이 생겨나기 어려움을 사유한다

1:5 캄캄하게 어두운 밤이라도 천둥이 치면
번개 빛이 잠시 대지를 밝히는 것처럼
부처님의 위신력으로 중생들의 마음속에
선한 생각이 잠시 일어나나이다.

Ⅱ. 보리심의 이익을 사유한다
1. 전체적으로 보리심의 이익을 밝힌다
1) 죄를 소멸하는 데 어떤 선업보다 수승하다

1:6 이와 같이 선의 힘은 언제나 미약하고
죄악의 힘은 매우 강대하고 무서우니,
수승하고 원만한 보리심이 아니고서는
어떠한 선으로도 그 악을 극복하기 어렵나이다.

2) 이익과 행복을 쉽게 얻는다

1:7 오랜 세월 동안 깊이 사유하신 부처님들께서
보리심의 이익이 가장 광대함을 발견하셨으니
중생이 보리심에 의지해서 불법을 수행한다면
가장 수승하고 미묘한 지복을
반드시 얻게 되나이다.

3) 구하는 것을 얻을 수 있다

1:8 존재(=有)의 무수한 고통을 극복하기를 바라고
중생들의 고통을 없애주기를 바라며
많은 행복을 얻으려는 희망을 가졌다면
결코 보리심을 버려서는 안 되나이다.

4) 이름을 듣고도 공경하고 귀의한다

1:9 보리심을 일으키는 순간
윤회의 감옥에 갇혀 있는 불쌍한 중생이라도
선서(=부처님)의 아들인 불자(=菩薩)라 불려지고
신들(=天)과 사람들에게 예경의 대상이 되나이다.

2. 전체적으로 보리심의 이익을 비유한다
1) 열등한 것을 수승한 것으로 전환한다는 비유

1:10 보리심은 가장 수승한 연금액과 같나니
오염되고 탁한 범부의 부정한 몸을
고귀한 부처님의 몸으로 변화시키는
이러한 보리심을 아주 견고히 지켜야 하나이다.

2) 진귀한 보배를 얻기 어렵다는 비유

1:11 중생의 인도자이신 부처님께서 무한한 지혜로
깊이 사유하시고 〔보리심을〕 매우 존귀한
것이라고 하셨으니, 고통스런 윤회에서
벗어나고자 하는 이는 진귀한 보배와 같은
보리심을 굳게 지켜야 하나이다.

3) 과를 얻음이 다함없다는 비유

1:12 다른 선업은 모두 파초와 같아서
열매를 맺고 나면 시들어 버리지만
보리심의 나무는 열매를 맺고 난 뒤에도
시들지 않고 오히려 계속해서 열매를 맺나이다.

4) 결정된 죄업과 두려움을 제거한다는 비유

1:13 큰 두려움이 있을 때 힘 있는 이에게 의지하듯
보리심에 의지하면, 극중한 악업을 지었다 하더라도
한 순간에 두려움에서 벗어날 수 있는데
어째서 사람들은 보리심에 의지하지 않는가.

5) 결정되지 않은 죄업을 소멸한다는 비유

1:14 겁말(劫末)의 맹렬한 불이 순식간에
모든 것을 태워버리는 것처럼
〔보리심은〕 온갖 죄업을
일순간에 완전히 소멸시켜주므로

3. 경전을 인용하여 증명한다

보리심의 공덕은
무량한 것이라고
자애로운 미륵보살은
선재동자에 말씀하셨나이다.

4. 별도로 보리심의 이익을 밝힌다
1) 보리심의 종류

1:15 보리심을 간단히 요약해서 말하면
두 가지로 이해할 수 있나니
발원하는 원보리심(=發願心;願菩提心)과 발원한
것을 실행하는 행보리심(=發趣心;行菩提心)이나이다.

1:16 어디를 가고 싶어하는 것과
실제로 가는 것이 다르듯이,
현명한 이들은 이 두 가지 보리심의 차이를
순서대로 알아야 하나이다.

2) 원보리심과 행보리심의 이익 (1) 원보리심의 이익

1:17 **원보리심(=發願心)에 의해서도, 윤회 속에서
헤매는 중생들에게 커다란 공덕이 생기지만
그러나 행보리심(=發趣心)처럼
끝없는 복덕이 생기는 것은 아니나이다.**

(2) 행보리심의 이익

1:18 **누구든지 보리심을 일으킨 뒤에
무수한 중생들을 해탈시키는 일에서
절대로 물러서지 않겠다는 마음으로
이 보리심을 바르게 지녀 실천하게 되면,**

1:19 **그때부터는 그가, 잠을 자거나 방일에 빠져
마음이 딴 곳에 가 있더라도
〔보리심을 가진〕 공덕의 힘에 의해
허공같은 복덕이 끊임없이 생기나이다.**

Ⅲ. 보리심 이익의 근거
1. 경전을 인용하여 증명한다

1:20 바르고 이치에 합당한 이 공덕들은
『선비청문경(善臂請問經)』에서
자신만의 해탈(小乘)의 길로 향하는 이들을 위해
여래께서 말씀하셨나이다.

2. 이론상의 성립
1) 원보리심이 이익을 얻는 이치 (1) 所緣이 광대하다

1:21 겨우 중생의 머리 아픈 고통을
없애주겠다는 생각만해도
중생을 이롭게 하려는
좋은 의도이기에 무량한 복덕을 얻게 된다면

1:22 모든 중생의 한량없는 고통을 없애주고
그들을 모두 최고의 행복으로 인도하기를
원한다면, 그 한량없는 공덕을
어떻게 말로 다 표현할 수 있겠나이까.

(2) 비교할 데가 없다

1:23 아버지나 어머니 그 누구에게, 중생을
요익케 하려는 이토록 큰 이타심이 있었던가.
신이나 성인이나, 혹은 범천(梵天, Brahman)이라 한들
누가 이런 마음을 갖고 있겠나이까.

(3) 행보리심이 이익을 얻는 이치

1:24 중생들은 자기 자신의 이익을 위해서도
꿈에서조차 이러한 마음을 일으킨 적이 없는데
하물며 다른 이를 위해 이런 마음을
일으킬 수 있겠나이까.

1:25 남들은 물론 자기 자신의 이익을 위해서도
일으키지 못하는 이 세상에서
모든 중생들을 이롭게 하려는 불자의 이 마음은
유례없는 경이로운 마음이나이다.

1:26 모든 중생들의 행복의 원천이고
　　　모든 중생들의 고통을 치료하는 감로약인
　　　이 보배로운 마음 보리심의 공덕을
　　　어떻게 다 헤아릴 수 있겠나이까.

1:27 단지 남들을 도우려는 생각만 해도
　　　보물을 부처님께 공양하는 것보다
　　　수승한 공덕을 얻는다는데
　　　모든 중생의 이익을 위해 실제로 행동한다면
　　　당연히 더 말할 수 없는 복덕을 얻게 되나이다.

1:28 중생은 고통에서 벗어나기를 바라면서도
　　　오히려 고통의 원인들을 향해 달려가고
　　　행복을 바라면서도, 무지하기 때문에
　　　행복의 원인들을 원수처럼 물리치나이다.

1:29 보리심은, 행복을 잃어버리고
여러 가지로 고통만 받는 이들에게
한량없는 기쁨을 주고
모든 고통을 없애주나이다.

1:30 보리심은 무명까지도 없애주나니
그에 비할 선업(善業)이 어디에 있으며
그와 같은 선지식이 어디에 있으며
그와 같은 복덕이 어디에 있겠나이까.

Ⅳ. 보디샷트바를 공경하고 찬탄한다

1:31 받은 은혜에 대해 보답하는 일조차도
칭찬받을 가치가 있다고 한다면
아무것도 바라지 않고 남들을 도와주는
불자는 당연히 공경과 찬탄을 받아 마땅하나이다.

1:32 겨우 몇 사람에게 변변찮은 음식을
　　 거드름 피우며 제공하여
　　 잠시 동안 허기를 면하게 하여도
　　 사람들은 그가 선행을 했다고 칭찬하나이다.

1:33 〔하물며〕 헤아릴 수 없는 중생에게
　　 오랫동안 여래의 위 없는 행복을 염두에 두며
　　 그들의 모든 소원을 채워주려고
　　 항상 베푸는 것은 더 말할 것도 없나이다.

1:34 이렇게 발심하여 널리 보시하는 불자에 대해
　　 만일 악의를 가진 행위를 한다면
　　 악의를 가진 찰나의 수와 같은 겁 동안
　　 지옥에 떨어진다고 부처님은 설하셨나이다.

1:35 그러나 어떤 사람이 불자에 대해 청정한 마음을 가지면, 그 과보는 이전보다 더욱 증대하듯이 모든 불자를 소중히 하면 악업은 일어나지 않고 선업만 늘어날 뿐이나이다.

1:36 누구에게든 성스러운 보리심이 생겼다면 나는 그분에게 예경하나이다. 자신을 해치는 이들까지도 큰 행복[大樂]으로 인도해 주시는 이 행복의 원천에 귀의하나이다.

이상이 『입보살행론』에 의한 「보리심의 공덕」을 설한 제1장이다.

입보살행론
지복에 이르는 보살의 길

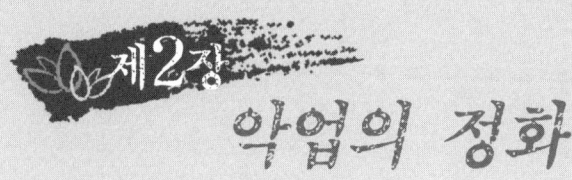

제2장
악업의 정화

입보살행론
지복에 이르는 보살의 길

제2장 악업의 정화

Ⅰ. 삼보에 대한 헌공
1. 목적과 대상

2:1 이 보배 같은 보리심을 얻기 위해
무한한 공덕의 바다인 모든 부처님과
성스러운 가르침[正法]과
불자의 모임인 승가에
지성으로 공양하나이다.

2. 헌공의 본체
1) 주인 없는 물건들을 공양한다

2:2 이 세상의 모든 꽃과 과일
온갖 종류의 약과
모든 진귀한 보석과 깨끗하고 상쾌한 물 등
마음에 와 닿는 것은 무엇이든,

2:3 진기한 보물을 간직하고 있는 보배로운 산과
아름다운 숲으로 둘러싸인 고요한 기쁨의 대지와
꽃으로 미묘하게 장식된 보배 나무들과
맛있는 열매가 맺어 가지가 휘어진 과일나무와

2:4 천상과 인간에서 가장 그윽한 향과
소원을 들어주는 여의수(如意樹)와 보배 나무들
기르지 않아도 얻을 수 있는 온갖 종류의 곡식과
그밖에 공양에 어울리는 갖가지 진귀한 보배들

2:5 여러 가지 연꽃이 피어 있는 크고 작은 호수와 연못
백조의 아름답고 청아한 노랫소리
무한한 허공계가 다하도록 넓혀도
다 담을 수 없는
주인 없는 모든 아름다운 것들을

2:6 저는 마음으로 정미롭게 관상(觀想)하여
모든 사람들보다 뛰어나신
부처님과 불자들께 공양 올리옵나니
성스러운 공양의 대상이신
자비로운 분들이시여,
저를 연민히 여기시사 이 공양을 받아 주소서.

2:7 저는 숙세에 복덕을 닦지 않아
매우 가난하고 달리 공양 올릴 수 있는 것은
아무것도 없사오니
중생을 보호해 주시는 자비로운 구세자시여
이 모든 것을 저를 위해
당신의 위신력으로 받아 주소서.

2) 자신의 몸과 마음을 공양한다

2:8 **승자이신 부처님과 불자들께 모든 생을 통해
제가 얻게 될 저의 모든 것을 바쳐
공경하는 마음으로 헌신하오니
최고의 승자들이시여, 저를 받아 주소서.**

2:9 **제게 있는 모든 것은 당신의 것이므로
윤회에서도 두려움 없이 유정을 이롭게 하겠사오며
이전의 불선업을 정화하여 바르게 하고
이제부터는 더 이상 악업을 짓지 않겠나이다.**

3) 관상에 의한 물건들을 공양한다 (1) 일반적인 공양

2:10 **욕실은 미묘한 향기로 가득하고
수정으로 된 바닥은 눈부시게 반짝이며
웅장한 기둥들은 보석으로 장식되어 있고
천정은 진주로 된 차양(華蓋)이 드리워진 가운데**

2:11 수많은 아름다운 보배 병에
　　미묘한 향수를 가득 채워두며
　　기쁨이 넘치는 미묘한 가락이
　　잔잔히 울려 퍼지는 가운데
　　여래와 불자들께 목욕 공양 올리나이다.

2:12 그 몸을, 비할 데 없이 깨끗하고 아름답고
　　향내 나는 수건으로 닦아 드리며
　　미묘한 색을 곱게 물들여 그윽한 향기가 나는
　　성스러운 옷을 공양 드리나이다.

2:13 얇고 부드러운 갖가지 아름다운 옷과
　　가장 아름다운 갖가지 장신구로
　　성스러운 보현보살, 문수사리보살과
　　관자재보살과 그밖의 보살들을 다 장엄하오리다.

2:14 삼천세계에까지 두루 향기가 퍼지는
최고의 향을 모든 부처님의 몸에
마른 수건으로 순금을 문지른 것처럼
찬란히 빛나도록 바르나이다.

2:15 부처님은 가장 수승한 공양의 대상이오니
온갖 아름답고 향기로운 천상의 꽃, 만다라화
붉은 연꽃, 푸른 연꽃 등의 향기로운 모든 것으로
아름답게 화만(華鬘)을 만들어 공양 드리나이다.

2:16 가장 매혹적인 향을 사루어 향기가
온 누리에 가득하오니
그 향기의 구름을 모아 함께 드리오며
온갖 맛있는 먹을 것과 마실 것을 드리고
천상의 미묘한 음식들도 공양 올리나이다.

2:17 황금으로 만들어 아름답게 빛나는 연꽃그릇에
보배로운 등불을 밝혀 공양하오며
깨끗하게 정화한 대지에 향을 바르고
아름다운 꽃잎을 흩어 뿌리나이다.

2:18 무량한 궁전은, 아름다운 찬탄의 노래가 울려 퍼지고
진주와 보석으로 장식되어 아름답게 빛나니
무한한 허공을 장식할 그 모든 것을
대자비의 본성을 지니신 분들께 공양하나이다.

2:19 아름다운 보배 일산, 손잡이는 황금이고
가장자리는 아름답게 장식하여
위엄있고 단아한 모습으로 펴 들고서
언제나 부처님께 공양하나이다.

2:20 이외에도 다른 모든 공양물을
기쁨을 내는 아름다운 선율과
청아한 소리로 공양하오니
일체중생의 온갖 근심과 고뇌를 완화시키는
모든 구름이 되어 제각기 머물다가

2:21 수승한 보배인 성스러운 부처님의 가르침[正法]과
미묘하게 장엄한 모든 불탑과 불상(佛像)에
널리 가지가지 보배와 미묘한 꽃비가 되어
언제나 끊임없이 내리게 하소서.

(2) 위없는 공양

2:22 문수사리보살과 보현보살께서
승자이신 부처님들께 공양올리신 것처럼
저도 이와 같이 관상하여
보호주이신 부처님과 불자들께 공양하나이다.

Ⅱ. 三寶를 예찬한다
1. 口業으로 삼보를 예찬한다

2:23 무한한 공덕의 바다이신 부처님과 불자들께
바다처럼 많은 찬탄의 말씀 올리옵나니
아름다운 찬탄의 구름이
끊임없이 솟아오르게 하소서.

2. 身業으로 삼보를 예경한다

2:24 삼세에 거하시는 모든 부처님과
다르마와 가장 수승한 모임인 보살 승가에 대해
복전의 미진수와 같이 몸을 나투어
낱낱이 예경 드리나이다.

2:25 불자의 활동처인 보리심의 근본과
모든 부처님의 사리보탑에 예경하오며
저의 은사와 법사 등 모든 스승님과
그리고 수승한 수행자들께 예경하나이다.

Ⅲ. 삼보에 귀의한다

2:26 보리의 정수에 이를 때까지
부처님께 귀의하오며
부처님의 가르침인 다르마와
보살 승가에도 귀의하나이다.

Ⅳ. 네 가지 힘에 의한 참회
1. 出罪力 1) 지성껏 드러내어 참회한다

2:27 시방의 모든 곳에 계시는
원만하신 부처님과 보살님들
대비심을 갖고 계신 모든 분들께
합장하고 지심으로 원하나이다.

2:28 무시이래로 윤회 속에 머물면서
금생과 또 다른 모든 생에서
제가 알지 못하고 지은 죄이든
혹은 다른 이에게 시킨 죄이든

2:29 제가 무지의 미혹에 이끌려 저지른 것
혹 다른 이가 악업을 짓는 것을 보고 기뻐한 것
이러한 모든 허물들을 눈앞에 있는 듯 바라보면서
깊은 마음으로 구세자께 참회하나이다.

2:30 제가 공덕의 터전인 삼보님과
부모와 스승과 그밖의 분들에게
번뇌에 의해 몸과 말과 마음으로
해를 끼친 모든 것

2:31 갖가지 악업에 의한 허물로
죄가 깊은 저는
어떠한 죄의 갚음에도 견딜 수 없사오니
인도자이신 부처님께 모두를 참회하나이다.

2) 모름지기 신속히 참회해야 하는 원인
(1) 수명이 짧고 무상함을 사유하며 뉘우친다

2:32 제가 악업을 정화하기 전에
먼저 죽게 된다면
어떻게 이 죄에서 벗어날 수 있사오리까.
하오니 신속한 방법으로 구호해 주소서.

2:33 믿을 수 없는 이 죽음의 염라왕은
죄를 정화했는가 하지 않았는가를 불문하고
질병이 있거나 없거나
언젠가 돌연히 찾아와 죽게 하니, 목숨이란
아침 이슬 같은데 어찌 믿을 수 있으리이까.

(2) 죄를 짓기만 하여 의미가 없음을 사유하며 뉘우친다

2:34 모든 것을 버리고 가지 않으면 안 되는데
저는 그것을 알지 못하고, 친한 이를 지키기 위해
친하지 않은 이에게 손해를 끼치기 위해
온갖 죄를 지었나이다.

2:35 친하지 않는 사람은 물론이거니와
친한 사람도 죽게 되고
저 자신도 또한 죽게 되어
이렇게 모든 것은 죽게 되나이다.

2:36 꿈속에서 경험한 것처럼
어떠한 일이라 하더라도
그것을 기억하는 것은
단지 기억의 대상일 뿐이고
과거의 대상은 모두 눈앞에 존재하지 않나이다.

2:37 이 짧은 금생에서도
친한 자든 친하지 않은 자든 많이 떠나갔지만
그들 때문에 제가 저지른 악업은
견딜 수 없는 두려움으로 제 앞에 남아 있나이다.

2:38 어느 날 갑자기 찾아올 죽음으로
저도 떠나야 한다는 것을 모르고
무지와 집착과 성냄으로
수많은 죄업만 지었나이다.

(3) 죄업과 죽음의 두려움을 사유하며 뉘우친다

2:39 밤낮으로 끊임없이
저의 생존은 줄어만 가고
수명은 결코 늘어나는 법이 없으니
제가 어찌 죽지 않을 수 있으리까?

2:40 제가 임종의 침상에 있을 때
친척이나 친구가 둘러싸고 있어도
숨이 끊어지는 죽음의 고통은
저 혼자만이 겪어야 하나이다.

2:41 염라왕의 사자에게 붙잡혔을 때
친척이나 친구가 무슨 도움이 되리이까.
그때 저를 보호해 줄 수 있는 것은 공덕뿐인데
그것마저도 저는 쌓지 못하였나이다.

2:42 구세자시여, 방일한 저는
이러한 두려움을 깨닫지 못하고
무상한 이 생존에 대한 집착 때문에
수많은 죄업만 지었나이다.

2:43 수족이 잘리는 형장으로 오늘 당장 끌려가게 된다면
질겁을 하여 입은 마르고
얼굴은 창백해지고 눈이 튀어나오는 등
이전과는 완전히 다른 몰골이 되고 마는데

2:44 하물며 무서운 형상을 한 염라왕의 사자가
털끝만큼의 인정도 없이 나를 묶는다면
큰 공포와 두려움에 사로잡힌
극심한 고통은 말로 다하지 못하리이다.

2:45 '누구든 이 무서운 공포에서
저를 구해 주소서' 하고,
공포에 질린 눈을 크게 뜨고
사방을 둘러보며 도움을 구하지만

2:46 사방 어디에도 도와주는 이가 없음을 보면
완전히 망연자실하며 절망에 빠질 터인데
거기에서 도와 주는 이가 없다면
그때서야 제가 무엇을 할 수 있으리이까.

2. 依止力 1) 전체적으로 삼보에 의지한다

2:47 그러므로 승자이신 부처님은 중생의 구제자이시라
중생을 보호하려는 목적을 위해 노력하시며
큰 위신력으로 모든 두려움을 다 제거하시니
지금 이 순간부터 진심으로 부처님께 귀의하나이다.

2:48 그분이 이해하신 다르마
윤회의 공포를 없애주는 법과
성스러운 모임인 보살 승가에도
이와 같이 진심으로 귀의하나이다.

2) 개별적으로 보살에 의지한다

2:49 저는 삼악도의 두려움에 떨며
보현보살께 저 자신을 바치오며
문수사리보살께도 또한
이 몸을 바치나이다.

2:50 자비의 행에 오류가 없으신
구세자 관세음보살께도
곤고(困苦)의 소리로 간청하오니
죄 깊은 저를 보호해 주소서.

2:51 성스러운 허공장보살과
대비 대원을 갖추신 지장보살과
대자비를 가진 구세자 모든 분들께
보호를 구하며 간절한 마음으로 외치나이다.

2:52 그 모습을 보기만 해도
죽음의 사자들이 놀라고 두려워하며
사방으로 줄달음치고 마는
금강수(바즈라파니)보살께 귀의하나이다.

2:53 이전에는 당신의 말씀을 어겼으나
이제 제가 큰 두려움을 보고 나서
진심으로 당신에게 귀의하며 간청하오니
이 공포를 속히 제거해 주소서.

3. 對治力 - 가르침을 받들어 행한다
1) 미혹이 병과 같다는 비유로 대치한다

2:54 하찮은 병에 걸려도 두려워하며
의사의 말을 따라야 하는데
하물며 탐욕 등 수많은 번뇌의 병에 대해서는
더 말할 것도 없나이다.

2:55 단 한 번 화를 내는 번뇌의 병으로도
섬부주의 모든 중생들이 훼멸될 수 있는데
그것을 치료할 수 있는 보리심 이외에
세상천지 어디에서도 다른 약은 찾을 수 없나이다.

2:56 그것에 대해 의사이신 일체지자(=부처님)께서
모든 병을 다 없애주려고 하는데도
의사의 말을 따르려 생각지도 않는다면
매우 어리석고 책망받아 마땅한 일이나이다.

2) 미혹이 위험한 장소와 같다는 비유로 삼가고 방지한다

2:57 보통의 벼랑이나 작은 낭떠러지에서도
주의하고 조심해야 하는데
하물며 천 유순(由旬) 아래로 떨어지는 지옥이라는
깊은 낭떠러지에 대해서는 말해 무엇하리이까.

3) 마음 놓고 있지 말고 신속히 대치하기를 권한다

2:58 오늘은 죽지 않을 것이라 생각하고
안심하며 지내는 것은 얼마나 어리석은 일이랴.
제가 죽게 되는 그 순간은
의심할 바 없이 찾아오게 되나이다.

2:59 누가 저의 두려움을 없애줄 수 있으며
어떻게 하면 여기에서 벗어날 수 있으리이까.
제가 죽는다는 것은 의심할 수 없는 일이온데
어찌 제가 마음 편히 지낼 수 있으리까.

2:60 이전에 제가 즐겼으나 지금은 사라진 것들 중에서
가치가 있는 것은 무엇이리이까.
그런데도 저는 그것에 집착하여
보호주이신 스승의 가르침을 등졌나이다.

2:61 제가 이 세상을 떠날 때는
친척과 친구들을 모두 남겨두고
저 혼자서 어딘가로 떠나야 하는데
친한 이나 친하지 않은 이가
모두 무슨 소용이 있사오리이까.

2:62 불선업에 의해 고통이 생기나니
거기에서 어떻게 하면 벗어날 수 있을지
밤낮으로 언제나 저는
이것만을 생각함이 마땅하나이다.

2:63 제가 무지하고 어리석어
행위 자체가 죄업인 것[性罪]과
성죄 이외에 업에 따라 지은 죄업[遮罪]과
여러 가지 미세한 과실을 범하였나이다.

---

* 性罪 : 행위 자체가 바로 무거운 죄가 되는 것. 살생. 투도. 사음. 망어 등.
* 遮罪 : 행위 자체는 죄가 아니지만 그것으로 인해 죄를 저지를 우려가 있는 것. 음주 등.

2:64 이제 보호주 앞에서 두 손 모아 합장하고
제가 겪을 고통을 두려워하는 마음으로
수없이 예경하고 또 예경하오며
이 모든 것을 지심으로 참회하나이다.

4. 다시 죄를 짓지 않겠다고 맹세하는 힘

2:65 중생들을 이끌어 주시는 인도자들이시여
제가 저지른 모든 악으로부터 저를 구해 주소서.
선하지 않은 이런 악행을
이제 다시는 저지르지 않겠나이다.

이상이 『입보살행론』에 의한 「악업의 정화」를 설한 제2장이다.

입보살행론

지복에 이르는 보살의 길

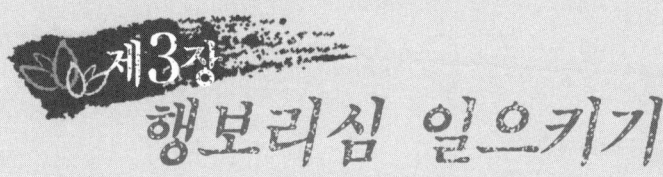

입보살행론

지복에 이르는 보살의 길

제3장 행보리심 일으키기

Ⅰ. 前行
1. 자량을 쌓는다 1) 공덕을 수희한다
(1) 下士가 고를 여의고 안락을 얻는 것을 수희한다

**3:1 모든 중생이 삼악취의 고통에서 벗어나고
삼선취의 원인인 선업을 행하며
고통을 가진 중생들이 안락에 머물게 하는 공덕을
모두 기뻐하고 수희하나이다.**

(2) 中士가 미혹을 끊고 열반에 드는 것을 수희한다

**3:2 보리의 원인이 되는 선업을 쌓는 공덕을
기뻐하고 수희하나이다.
모든 중생이 윤회의 고통에서
반드시 벗어나게 하시니
함께 수희하나이다.**

(3) 上士가 보리심을 일으켜 정각을 성취함을 수희한다

3:3 **구제하는 분이신
부처님의 깨달음[菩提道]과
보살의 열 가지 경지(=十地)에 대해서도
수희하나이다.**

3:4 **일체중생에게 안락을 주는
보리심을 일으킴으로써 얻는 바다 같은 공덕과
중생들에게 이익을 주는 보살행에 대해
기뻐하고 수희하나이다.**

2) 법륜을 굴리시기를 청한다

3:5 **시방의 모든 곳에 거하시는 부처님께
공경하는 마음으로 합장하고 간청하오니
무명의 어둠 속에서 고통 받고 있는 중생들을 위해
부처님 가르침인 다르마의 등불 밝혀 주소서.**

3) 부처님이 오래도록 세상에 머무시기를 청한다

3:6 **반열반에 드시려는 승자이신 부처님께
두 손 모아 합장하고 간청하오니
부디 눈먼 중생을 무명 속에 두지 마시고
무량한 겁 동안 이 세상에 머물러 주소서.**

4) 모두 회향한다 (1) 전체적인 회향

3:7 **이와 같이 예경과 공양, 악업 참회 등의
모든 행을 통해 제가 쌓은 공덕으로
일체 모든 중생들의 온갖 고통이
남김없이 제거되게 하소서.**

(2) 개별적인 회향

3:8 **중생이라는 병든 자가 있는 한
그 병이 모두 치유될 때까지
그들을 위해 약과 의사와
간호자가 되어 함께 하게 하소서.**

3:9 음식물의 비를 내려
저들의 굶주림과 목마른 장애를 제거하고
기근겁(饑饉劫)이 들 때는
제 자신이 먹고 마실 것이 되게 하소서.

3:10 궁핍하고 가난한 중생들에게는
제가 다함 없는 보물의 곳간이 되고
그들에게 필요한 모든 것이 되어
항상 그들 곁에 있게 하소서.

2. 자신의 마음의 승화
1) 몸과 재산과 선근을 모두 버린다

3:11 저의 몸과, 이러한 재물과
삼세의 선근 공덕 모두를
모든 중생들의 행복을 위해
아낌없이 모두 다 주겠나이다.

3:12 모든 것을 주는 것으로 열반에 도달하고
저의 마음도 열반을 성취하나니
죽을 때도 모든 것을 놓는 것은 같지만
지금 유정들에게 주는 것이 가장 훌륭한 일이나이다.

3:13 제 몸은 중생들의 행복을 위해
제가 그들에게 바친 것이니
그들이 죽이거나 욕하거나 때리더라도
좋아하는 대로 맡기겠나이다.

3:14 저의 몸에 장난을 치거나
조롱하거나 경멸의 대상으로 하더라도
제가 스스로 이 몸을 준 것이므로
이를 아껴 무엇하리이까.

3:15 저의 이 몸으로 자타 모두에 대해
해악을 가져오지 않는다면
무엇이든 하리니,

2) 이타를 성취하는 원인이 되기를 원한다
언제 누구라도
저를 만날 때마다
이익을 얻게 하소서.

3:16 누군가가 저에 대하여
화를 내거나 믿는 마음이 생겼다 하더라도
그 자체로 항상 그들의
모든 이익을 성취하는 원인이 되게 하소서.

3:17 어떤 이가 저를 비난하거나
다른 이를 시켜 해를 가하거나
모욕을 주며 조롱한다 하더라도
모든 것이 깨달음을 위한 인연이 되게 하소서.

3) 구하는 것을 성취하는 원인이 되기를 원한다

3:18 보호자 없는 자에게는 보호자가 되며
길 떠나는 이들의 안내자가 되고
강을 건너려는 이들의 배가 되고
뗏목이 되고, 다리가 되게 하소서.

3:19 섬(=의지처)을 구하는 이에게 섬이 되고
빛을 찾는 이에게 등불이 되며
쉼터를 구하는 이에게 쉼터가 되고
도움이 필요한 이들에게 도우미가 되게 하소서.

3:20 제가 여의주와 풍요의 보배병(寶甁)이 되고
성취의 진언과 영험한 약이 되며
소원을 들어주는 여의수(如意樹)
여의우(如意牛)가 되어
중생이 원하는 것은 모두 다 이루어지게 하소서.

3:21 대지(地大)와 그 밖의 원소들[水大, 火大, 風大]이 되며
허공처럼 언제나 무수한 중생을 위해
여러 가지 방법으로
그들 생존의 바탕이 되게 하소서.

3:22 그와 같이 허공 끝이 다하도록
유정 세계에 대하여 항상
모든 중생이 열반을 얻을 때가지
제가 그들 생존의 원인이 되게 하소서.

Ⅱ. 바로 보리심을 일으킨다

3:23 과거의 모든 부처님들께서
보리심을 일으키시고
보살의 모든 수행단계(=學處)를
순서대로 잘 배우신 것처럼,

3:24 저도 그와 같이 모든 중생들을 위해
보리심을 일으키고
보살 수행의 모든 단계를
순서대로 잘 배워 완수하겠나이다.

Ⅲ. 결론적으로 보리심을 찬탄한다
 1. 기쁘게 보리심을 획득하는 것을 사유한다

3:25 그러므로 지혜를 갖추신 분들은
순수한 마음에 의해 보리심을 일으키고
그것을 유지하고 더 넓게 키우기 위해
마음을 다음과 같이 북돋우셨나이다.

3:26 이제야말로 저의 삶은 열매를 맺고
인간 존재의 큰 의미를 이루었으니
오늘에사 부처님의 가문에 태어나서
부처님의 자손(=보살)이 되었나이다.

3:27 이제 저는 무엇을 하더라도
이 고귀한 가문에 맞는 일을 하며
허물이 없고 고귀한 이 가문에
누(累)가 되는 행동은 하지 않겠나이다.

3:28 맹인이 쓰레기더미 속에서
귀한 보배를 발견한 것처럼
그와 같은 희귀한 행운으로
이 귀중한 보리심이 제게 생겼나이다.

2. 보리심으로 이타를 할 수 있는 것을 사유한다
1) 고통의 결과를 제거할 수 있다

3:29 **중생의 죽음을 없애는
불사(不死)의 감로도 이 보리심이며
중생의 가난을 없애는
다함 없는 보물의 곳간도 이 보리심이나이다.**

3:30 **이 세상의 병을 없애는
최고의 영약도 이 보리심이며
윤회의 길을 헤매는 중생이
쉴 수 있는 나무도 이 보리심이나이다.**

2) 고통의 원인을 소멸할 수 있다

3:31 **보리심은 일체중생이
악도에서 벗어나게 하는 건널목이며
번뇌의 고통을 덜어주는
마음속에 떠오르는 달이나이다.**

3) 이익과 행복을 성취할 수 있다

3:32 보리심은 중생의 무명을
하나도 남김없이
완전히 걷어내는 태양이며
정법의 우유를 휘저어서
버터[乳酪]라는 정수를 얻은 것과 같나이다.

3:33 윤회의 길을 가는 중생이라는 나그네가
언제나 행복이라는 재물을 바라는 것처럼
보리심은 그들을 지고의 안락인
행복에 머물게 하며
보리심은 중생의 나그네에게 큰 만족을 주나이다.

3. 다른 이에게 기뻐하기를 청한다

3:34 저는 오늘 모든 중생들을
일시적인 행복과
궁극적인 행복으로 초대하오니

신(神)들도 신 아닌 모든 이들도 모두
모든 부처님들 앞에서 기뻐하소서.

이상이 『입보살행론』에 의한 「행보리심 일으키기」를 설한 제3장이다.

입보살행론
지복에 이르는 보살의 길

제4장 보리심 지키기

입보살행론
지복에 이르는 보살의 길

제4장 보리심 지키기

Ⅰ. 간략히 불방일을 말한다

4:1 이와 같이 승자이신 부처님의 아들(=보살)은
보리심을 굳건하게 지니고서
산란하거나 게으르지 않으며 언제나
수행과 멀어지지 않도록 노력해야 한다네.

Ⅱ. 널리 불방일을 말한다
1. 보리심을 가진다 1) 보리심을 버려서는 안 되는 원인

4:2 경솔하게 시작한 일이거나
혹은 잘 생각해 보지 않고 시작한 일이라면
그것을 하겠다고 약속한 것이라도
계속해야 할지 말아야 할지
재고해 보는 것은 당연하다네.

4:3 그러나 부처님과 보살들께서
큰 지혜로 철저하게 분석하셨고
자기 자신도 잘 관찰한 것이라면
어찌 그것을 실행하는 것을 늦출 수 있겠는가.

2) 보리심을 버리는 과환(過患) ⑴ 악취에 떨어진다

4:4 만약 그렇게 하겠다고 약속해 놓고도
그것을 행동으로 옮기지 않으면
모든 중생들을 속이는 것이 되는데
내가 가야 할 곳은 어떻게 되겠는가.

4:5 아무리 사소한 물건이라도
마음속으로 '주겠다'고 생각하고서도
그것을 보시하지 않으면
그는 아귀로 태어난다고 〔경전에〕 설하셨다네.

4:6 위 없는 최고의 행복으로
인도하겠다고 선언해 놓고도
이 약속을 지키지 않는다면
내가 어떻게 선취(善趣)에 날 수 있겠는가.

4:7 어떤 이들은 보리심을 버리고도
해탈에 이르러 아라한이 되었다고 하지만
이것은 불가사의한 일이라
전지(全知)하신 부처님만이 아시는 일이라네.

* 사리불은 염리심과 지혜 덕에 아라한이 되었다 함.

(2) 다른 이의 이익을 손상시킨다

4:8 보리심을 버리는 것은
보살의 타락 중에서도 가장 무거운 죄이니
만약 그렇게 하게 되면
모든 중생의 이익을 약화시키기 때문이라네.

4:9 다른 어떤 이가 단 한 순간이라도
보살의 선행을 방해한다면
중생들의 행복이 줄어들게 하는 것이므로
그도 끝없이 악도에서
고통받게 된다고 하였네.

4:10 단 한 중생의 행복을 파괴해도
자신이 인간이라는 행복에서 타락하게 되는데
허공처럼 끝없는 중생들의 행복을
파괴하는 것에 대해서는 더 말해 무엇하리오.

(3) 보살의 지위에 오름이 더디다

4:11 이와 같이 서약을 어겨 악업을 짓는 일과
보리심을 일으키는 일을
번갈아 가며 반복하게 된다면, 보살지를
성취하는데 엄청난 시간이 걸리게 된다네.

2. 학처를 지킨다
1) 죄악을 막는다 (1) 방일은 결정코 악취에 떨어진다

4:12 그러므로 나는 서원을 세운 대로
내가 약속한 것을 실천해야 하리니
지금 그렇게 노력하지 않는다면
점점 더 낮은 악도로
떨어지게 될 것이네.

(2) 방일은 부처님도 제도하실 수 없다

4:13 모든 중생들을 이롭게 하시는
헤아릴 수 없는 부처님들께서 지나가셨지만
내가 갖고 있는 업장 때문에
나는 구원의 대상이 되지 못했다네.

4:14 앞으로도 계속해서
지금처럼 행동한다면
나는 계속해서 악도에 태어나서
잘리고 베이는 온갖 고통을 겪게 될 것이네.

(3) 방일은 가만(暇滿)을 쉽게 잃게 한다

4:15 여래께서 출현하시는 일과
바른 믿음을 갖는 일과 인간의 몸을 얻는 일,
선업을 닦는 일 등은 너무도 희유하고 귀한 것인데
언제 다시 이런 기회를 얻을 수 있으리오.

4:16 비록 오늘은 병 없이 건강하고
먹을 것이 있고, 역경이 없다고 하더라도
삶은 순식간에 바뀔 수 있으며
이 몸은 한순간의 그림자와 같은 것이라네.

(4) 가만을 잃으면 다시 얻기 어렵다

4:17 지금처럼 행동하면 틀림없이
인간으로 태어나지 못할 것이고
인간의 몸을 다시 얻지 못한다면
악업만 남아서 선업은 짓지 못하게 될 것이네.

4:18 선업을 지을 수 있는 이 좋은 기회에
내가 선업을 짓지 않는다면
악도의 고통으로 정신이 혼미할 때
그때서야 내가 무엇을 할 수 있겠는가.

4:19 선업은 아무 것도 짓지 않으면서
악업만 쌓아가고 있으니
백천만억 겁을 지나는 동안
선취(善趣)라는 말조차도 못 듣게 될 것이네.

(5) 가만을 얻기 어려운 이유

4:20 그러므로 세존께서는, 사람으로 태어나는 것은
큰 바다에 떠다니는 나무 구멍에
눈먼 거북이가 목을 끼우는 것만큼이나
드물고 어려운 일이라 하셨네.

4:21 한순간에 지은 악행으로도
일 겁 동안 무간지옥에 머물게 된다고 하는데
무시이래로 윤회하면서 악행을 지어온 이들이
어떻게 선취에 태어날 수 있겠는가.

4:22 그처럼 고통을 겪으면서도
아직 악취에서 벗어나지 못하는 것은
그 고통을 겪는 동안에도
다른 악업을 계속 짓기 때문이라네.

2) 진실로 선을 닦아야 하는 것을 인식한다
(1) 선을 닦지 않으면 실로 어리석은 일이다

4:23 이렇게 얻기 어려운 인간의 몸[暇滿]을 얻고서도
스스로 선업을 실천하며 길들이지 않는다면
이보다 더 큰 기만이 어디 있으며
이보다 더 큰 어리석음이 어디 있겠는가.

(2) 죽을 때에 근심과 고통이 생긴다

4:24 만일 이것을 알면서도 어리석어
게으름을 피우며 선업을 짓지 않는다면
죽음의 징후가 나타날 때에
크나큰 근심과 고통을 받게 될 것이네.

(3) 후세에 다시 나쁜 과보를 받는다

4:25 견딜 수 없는 지옥의 불로
오랜 세월 동안 자신의 몸이 타게 될 때
끝없는 후회의 불까지 타올라
마음은 더욱 슬프고 고통스러울 것이네.

4:26 매우 얻기 어려운 이익을 얻을 수 있는 곳에
다행히 태어나게 된 것을
스스로 잘 알면서도
또다시 지옥에 끌려가게 된다면,

4:27 마치 마술에 걸려 정신이 혼미한 사람처럼
이러한 실상에 대해 바르게 생각하지도 못하고
무엇이 미혹인지도 알지 못하며
자기 마음속에 무엇이 있는지도
모르게 될 것이네.

3) 힘을 다하여 번뇌를 끊어야 한다
(1) 번뇌의 과환을 생각한다 가. 자유롭지 못하게 한다

4:28 분노나 집착 등의 모든 적들에게는
손도 없고 발도 없고
용기도 지혜도 없는데
어찌하여 그들은 나를 노예처럼 부리는가.

나. 악취(惡趣)의 고통으로 이끈다

4:29 그들이 내 마음속에 자리 잡고
희희낙락거리며 나를 망치고 있는데도
그들에 대해 화도 내지 않고 참고 있으니
그런 나약한 인내는 수치스러운 일이라네.

4:30 **만약 모든 신들이나 신 아닌 자들이
　　모두 나의 적이라 하더라도
　　그들이 나를 무간지옥의
　　불길 속으로 끌고 갈 수는 없다네.**

4:31 **그러나 번뇌라는 이 막강한 적은
　　산 가운데 왕인 수미산도 다 태워
　　재도 남기지 않는 그 불 속으로
　　나를 한순간에 던져 넣어버린다네.**

다. 해를 받는 기한이 다함없다

4:32 **번뇌라는 나의 적은
　　무시이래의 오랫동안 〔나에게 해를 끼쳤는데〕
　　다른 어떤 적들도
　　이렇게 오랜 세월 동안 계속할 수는 없다네.**

라. 번뇌와 친구가 되면 자신을 해친다

4:33 **합당한 길에 의지해서 나아가면**
모든 이익과 안락을 누릴 수 있지만
그러나 번뇌를 떠받들며 의지하게 되면
그 뒤에 불행과 고통만 가져오게 된다네.

(2) 마땅히 번뇌를 없애려는 마음을 일으켜야 한다

4:34 **이와 같이 오랜 세월 동안 계속해서**
끝없이 고통만 가져오는 단 하나의 원인인 번뇌가
내 마음속에 자리잡고 있는데
어떻게 내가 윤회의 삶을 두려워하지 않고
기뻐할 수 있겠는가.

4:35 **이들 윤회의 감옥을 지키면서**
또한 지옥에서 처형과 고문을 맡은 자들이
내 마음속에 탐욕의 그물을 펼치고 있다면
어떻게 내가 편안히 지낼 수 있겠는가.

4:36 그러므로 나는 이와 같은 번뇌의 적을
완전히 소멸시킬 때까지
노력을 멈추지 않으며,
일시적이고 작은 장애에도 분개하면서
저 오만한 적들을 다 소멸할 때까지
잠을 자지 않으리라.

4:37 본래 죽음의 고통으로 정해지는
번뇌라는 적과 싸워서 이기기를 바랄 때는
활과 창과 무기에 찔리는
고통을 돌보지 않고
목적을 달성할 때까지는
결코 물러서지 않아야 한다네.

4:38 나의 모든 고통의 원인인 적(=번뇌)과 싸워서
이기도록 하기 위해서는
지금 여러 가지 어려움에 부딪쳤다 하더라도
귀찮아하거나 게으름 피워서 안 되는 것은
말할 것도 없다네.

4:39 군인들은 적에게 입은 하찮은 상처도
훈장처럼 과시하는데
위대한 목적을 이루기 위해 노력하는 내가
어찌 고통을 견디지 못하겠는가.

4:40 어부나 도축업자나 농부들은 자신의
생계만을 생각하는 것으로도 추위나 더위 등의
고통을 참아 내는데, 중생들의 행복을 위해
어찌 내가 고통을 견디지 못하겠는가.

4:41 시방의 허공에 가득한 모든 중생을
번뇌에서 해방시키겠다고 약속하면서
아직 자기 자신도 온갖 번뇌에서
해방되어 있지 않다고 한다면,

4:42 자신의 일도 알지 못하고 말했으니
어찌 미친 사람이 아니리오.
그러므로 내 자신의 번뇌를 항복 받기 위해
나는 결코 물러서지 않으리라.

(3) 번뇌를 끊는 방법
4:43 이제 나는 큰 분심을 일으켜
끈질기게 번뇌와 싸우리니
이 원한도 번뇌처럼 보일지 모르나
이것은 번뇌를 파괴하므로 번뇌가 아니라네.

4:44 내가 불에 타서 죽는 일이 있더라도
목이 잘려 죽는 일이 있더라도
번뇌라고 하는 적에게는
결코 굴복하지 않으리라.

(4) 미혹을 제거하여 다시 반복하지 않는다
4:45 보통의 적은 그곳에서 쫓겨나면
다른 곳에 모여 세력을 모아
더 힘을 키우고 되돌아오지만
번뇌라는 적은 그런 수단이 없다네.

4:46 번뇌, 번뇌는 오직 지혜의 눈으로만
끊어 없앨 수 있나니, 마음속에서 제거된 것이
어디로 갔거나 어디에 있다가 다시 오는 것이 아니라
다만 내가 어리석고 게을러
노력하지 않게 할 뿐이라네.

4:47 모든 번뇌는 대상에도 감각기관에도 존재하지 않고
그 중간에도 다른 어느 곳에도 존재하지 않는다네.
번뇌는 다만 환영일 뿐이니, 이제 모든 두려움과
고통에서 벗어나게 하는 지혜를 위해 정진해야 하리라.

Ⅲ. 결론지으며 권고한다

4:48 이와 같이 깊이 살펴보았으니
부처님의 가르침을 성취하기 위해 최선을 다하리라.
모든 약으로 치료해야 할 환자가
의사의 말을 듣지 않으면 어떻게 치료할 수 있으리오.

이상이 『입보살행론』에 의한 「보리심 지키기」라는 제4장이다.

입보살행론
지복에 이르는 보살의 길

제5장
지계와 정지(正知)

입보살행론
지복에 이르는 보살의 길

제5장 지계와 정지(正知)

Ⅰ. 학처를 수호하는 요체 - 마음을 보호하기
1. 마음을 보호하면 모든 것을 보호할 수 있다
1) 전체적으로 마음을 보호해야 함을 말한다

5:1 학처(=계율)를 지키려는 사람은
아주 집중하여 자신의 마음을 지켜야 하나니
이 마음을 지키지 못하면
학처를 지킬 수가 없기 때문이라네.

2) 방종하는 마음의 과환
5:2 마음의 코끼리가 풀려 제멋대로 날뛰면
무간 지옥의 해를 입히지만
길들여지지 않은 미친 코끼리가
아무리 사나워도
윤회에서 그런 해를 입게 하지는 않는다네.

3) 마음을 보호하는 공덕

5:3 그러나 마음의 코끼리를
억념의 밧줄로 단단히 묶어 놓으면
모든 두려움이 사라지고
모든 선업이 다 손안에 들어온다네.

5:4 호랑이, 사자, 코끼리, 곰
뱀과 모든 적들과
유정 지옥의 옥졸과
귀녀(鬼女)와 나찰들이라 하더라도

5:5 이 마음만 붙잡아 매어 놓으면
이들 모두를 붙잡아 매는 것이 되며
이 마음만 조복하면
이들도 모두 똑같이 조복하는 것이 된다네.

2. 마음을 보호하면 곧 일체를 보호하는 것이 되는 이치
1) 과환은 마음에 의한 것

5:6 이와 같이 모든 두려움과 헤아릴 수 없는 고통도
오직 마음에서 일어나는 것이라고
진실한 말(實語者)을 하시는
부처님은 말씀하셨네.

5:7 유정의 지옥 무기들은
누가 그토록 부지런히 만든 것이고
불타는 철판의 대지는 누가 만든 것이며
정염(情炎)의 저 여인들은 어디서 나왔는가.

5:8 그 모든 것도 죄업의 마음에서
생긴 것이라고 부처님께서 말씀하셨으니
따라서 세 가지 세간에서
마음보다 더 두려운 것은 없다네.

2) 육바라밀은 마음에 의한 것   (1) 보시는 마음에 의한 것

5:9 **만약 중생의 가난을 없애는 것이
보시바라밀**(=완전한 보시)**이라 한다면
세상에 여전히 가난이 남아 있는데
과거의 구세자**(=부처님)**는
어떻게 보시바라밀을 완성하셨는가.**

5:10 **자기가 갖고 있는 것을 모두 중생들에게 주고
아울러 거기서 나오는 과보도 주겠다는 마음이
보시바라밀이라고 설하셨으니
따라서 그것은 마음의 태도에 달린 것이라네.**

(2) 淨戒는 마음에 의한 것

5:11 **물고기나 그 밖의 살아 있는 모든 것을 어디로
가져가야 그들을 안전하게 보호해 줄 수 있을 것인가.
그러나 '그들을 해치지 않기로 마음먹는 것
이것이 곧 지계바라밀'이라 하셨네.**

(3) 인욕은 마음에 의한 것

5:12 **난폭한 중생은 허공처럼 한량 없어서
그들을 모두 조복하는 것은 불가능하여도
화내는 이 마음 하나만 잘 조복하면
모든 적을 다 정복한 것과 같다네.**

5:13 온 세상을 다 덮을 가죽을
어디서 구할 수 있겠는가.
그러나 신발 바닥에 가죽을 붙이면
온 세상을 다 덮고 있는 것과 마찬가지이라네.

5:14 이와 같이 외부의 모든 일은
내가 애쓴다고 억제할 수 있는 것이 아니니
자기 자신의 마음을 억제하면
그 밖의 것은 억제할 필요가 없는 것이네.

(4) 정진은 마음에 의한 것

5:15 **밝은 마음의 안정**(=정진을 기뻐하는 마음)**을 이루면**
범천과 같은 하늘에 태어날 수 있지만
강한 마음이 없는 몸과 말의 행동만으로는
그런 결과를 얻을 수 없다네.

(5) 靜慮는 마음에 의한 것

5:16 **진언 염송과 온갖 고행을 오랫동안 수행하더라도**
마음이 다른 곳에 가 산란해져 있으면
아무 소용이 없다고
전지하신 부처님께서 말씀하셨네.

(6) 지혜는 마음에 의한 것

5:17 **누구라도 가장 수승한 법의 근본인**
마음의 비밀을 알지 못하면
고통을 없애고 행복을 얻으려 해도
헛되이 헤매게 된다고 하셨네.

3. 마땅히 마음을 보호하기를 권한다 1) 간략히 말한다

5:18 그러므로 우리는 이 마음을
잘 다스리고 지켜야 하리니
마음을 잘 지키는 계행이 없다면
다른 수행들이 소용없기 때문이라네.

2) 널리 말한다 (1) 마음을 보호하는 방법

5:19 난폭한 무리들 속에 있을 때
몸의 상처를 잘 보호하듯이
나쁜 사람들과 함께 있을 때는
마음의 상처를 항상 잘 보호해야 한다네.

(2) 마음을 보호하는 원인

5:20 아주 가벼운 통증도 두려워
몸의 상처는 잘 보호하면서
중합지옥의 산에 짓눌릴 수 있는 마음의 상처는
어째서 잘 보호하지 않는가.

5:21 이렇게 언제나 마음을 잘 지킬 수 있다면
나쁜 사람들과 함께 있거나
젊은 여인들 속에 있다 하더라도
우리의 수행은 후퇴하지 않는다네.

(3) 마음을 보호하는 가장 좋은 방법

5:22 나의 재산과 명예가 줄어들고
몸과 생계수단도 줄어들며
그 밖의 모든 것이 줄어들더라도 걱정하지 않지만
이 마음(=보리심)만은 결코 줄게 해서는 안 된다네.

Ⅱ. 마음을 보호하는 방편 - 正知와 正念
 1. 간략히 말한다

5:23 마음을 지키려고 하는 이들이여!
억념(憶念)과 정지(正知)를
모든 노력을 다해 지키라고
나는 합장하며 당부하고 당부한다네.

2. 널리 말한다
1) 正知가 없는 과환 (1) 일을 함에 힘이 미약하다

5:24 몸에 질병이라는 장애를 갖고 있는 사람은
어떤 일도 마음대로 할 힘이 없듯이
마음에 무명이라는 장애를 갖고 있는 사람은
어떤 수행에도 힘을 다할 수 없다네.

(2) 기억력이 쇠퇴한다

5:25 정지(正知)를 갖추지 못한 마음으로는
아무리 듣고 숙고하며 수행하여도(=聞思修)
깨어진 항아리의 물처럼
억념이 머물 수 없다네.

(3) 계율이 청정하지 않게 된다

5:26 가르침을 들을 줄 알고 신심이 있으며
애써서 많은 노력을 기울이더라도
정지가 부족하면
행동에 많은 허물이 생기게 된다네.

(4) 숙세의 선근을 훼손하게 된다

5:27 정지(正知)가 없으면 망념의 도둑이 따라 들어오나니,
아무리 많은 공덕을 쌓더라도
도둑에게 다 빼앗기고
우리는 악도에 떨어지게 된다네.

(5) 위로 나아감을 방해한다

5:28 번뇌라고 하는 이 도둑들은
기회를 엿보고 있다가
기회를 얻으면 바로 우리의 공덕을 훔쳐가서
우리가 선취에 태어나지 못하게 한다네.

2) 正知를 보호하는 방편 - 護念
(1) 정념이 생기게 하는 방법

5:29 그러므로 억념이 마음의 문에서
결코 떠나게 해서는 안 되나니,
가령 잠시라도 억념을 놓치게 되면
악도에서 받을 고통을 생각하며
억념을 되찾아야 한다네.

5:30 스승과 함께 하고
법을 설하는 이의 가르침을 배우며
악도를 두려워하고 선연을 받드는 사람들에게는
억념이 쉽게 일어난다네.

5:31 부처님과 보살들께서는
항상 어디에도 걸림 없이
모든 것을 보고 계시므로
'나는 항상 그 모든 분들 눈앞에 있다'라고,

5:32 이와 같이 생각하면
부끄러움과 존경심과 두려움이 생기고
부처님에 대한 억념이
계속해서 일어나게 된다네.

(2) 정념에서 정지가 생긴다

5:33 그때, 억념이 마음의 대문에서
자리 잡고 지키게 되면
정지(正知)도 찾을 수 있고
사라져도 다시 되돌아오게 된다네.

Ⅲ. 正念과 正知로 마음을 보호한다
1. 律儀戒를 배운다 1) 三門을 청정하게 한다

5:34 먼저 마음을 이런 식으로 유지하면서
때때로 마음 상태에 허물을 발견하면
그때는 스스로 나무토막처럼
감관을 움직이지 말고 가만히 마음을 지켜야 한다네.

(1) 몸과 입을 관찰한다

5:35 길을 걸을 때는 산만하게
여기저기 두리번거리지 말고 언제든지
선(善)을 대상으로 숙고하며 집중하는 마음으로
시선을 아래로 내리고 걸어야 한다네.

5:36 눈의 긴장을 풀기 위해
가끔은 주위를 둘러보다가
혹시 길에서 다른 사람을 보게 되면
쳐다보며 인사해야 한다네.

5:37 길에 위험한 것이 있는지 알기 위해
잠시 사방을 살펴봐야 하며
그리고 휴식을 취할 때는 주변도 살펴보고
뒤쪽도 가끔 세심히 살펴보아야 한다네.

5:38 앞이나 뒤를 돌아본 뒤에
앞으로 가든지 뒤로 돌아가야 하나니
마찬가지로 모든 경우에 무엇을 해야 하는지
필요한 것을 확인한 뒤에 진행해야 한다네.

5:39　어떤 특별한 자세로 몸을 유지하기 위해
　　　어떤 행동을 시작했을 때는
　　　몸이 어떤 자세로 있는지
　　　가끔 살펴보아야 한다네.

(2) 마음의 작용을 관찰한다

5:40　마음이라는 사납게 날뛰는 미친 코끼리를
　　　'다르마를 억념한다'는 큰 기둥에 묶어두고
　　　밧줄을 끊고 도망가지 못하도록
　　　모든 노력을 다해 지켜보면서 감시해야 한다네.

5:41　잠시라도 마음이 선정(禪定)이라는 기둥을
　　　떠나지 않도록 하기 위해서는
　　　자기 마음이 지금 어디에 있는지
　　　끊임없이 살펴보아야 한다네.

(3) 개차에 대해 설명한다

5:42 만일 위험이 있거나 법요를 할 때처럼
그렇게 할 수 없을 경우에는
임의로 해도 좋으니
『무진혜청문경(無盡慧請問經)』에
'보시를 할 때는 계율을 평등하게 적용하라.'고
하셨다네.

자신의 생명을 해칠 두려움이나 삼보 등에 바치는 큰 법요 등은 대부분 유정들의 정의와 이익에 관련이 있다. 만약 자신의 몸과 마음의 역량이 극히 작고 미세하여 힘이 미치지 못한다면, 잠시 예외를 허용한다는 것인데, 『무진혜청문경』에 이르기를, "만약 보시를 할 때 지계에 포섭되는 것은 잠시 버려야 한다." (如是布施之時, 持戒所攝法應當暫捨.)라고 한 것은 보시와 지계를 동시에 할 수 없을 때를 말한다. 보시를 주로 해서 배우는 중에 보시를 할 때 작은 율의를 지킬 수 없으면 그 율의는 잠시 버려두라는 것이다.

5:43 만약 어떤 것을 하기로 깊이 숙고하고 시작했다면
그 밖의 것은 생각하지 말고
마음을 그 일에만 집중하여
그 일을 성취하도록 해야 한다네.

5:44 이렇게 하면 모든 것이 잘되겠지만
그렇게 하지 않으면 이것도 저것도 되지 않나니,
그러니 이렇게 하면
정지(正知)를 잃는 번뇌는 증대하지 않는다네.

2) 수호하여 물러서지 말라 (1) 마음이 산란하게 하지 말라

5:45 쓸데없는 여러 가지 잡담이나
신기한 구경거리들이 많아도
거기에 가담하거나 끼어들지 말고
그것에 대한 집착을 버려야 한다네.

(2) 무의미한 행을 버려라

5:46 이유 없이 땅을 파고 풀을 뜯거나
땅바닥에 그림을 그리고 있다면
부처님의 가르침을 억념하고
즉시 그런 행동을 그만 두어야 한다네.

(3) 동기를 세심히 살펴라 가. 간략히 말한다

5:47 이리저리 돌아다니거나
어떤 말을 하고 싶을 때는
먼저 자신의 마음을 관찰하고
안정된 마음으로 적절하게 해야 한다네.

나. 널리 밝힌다

5:48 마음속에 애착이나
미움이 일어나면
아무 행위도 말도 하지 말고
나무토막처럼 가만히 있어야 한다네.

5:49 자신이 오만하거나 잘난 척하거나
들떠서 남들을 조롱하거나 헐뜯거나
책임을 회피하며 다른 이의 잘못을 들추려 하거나
남들을 속이려는 마음이 있거나

5:50 자기 자신을 추켜세우고 자랑하거나
남을 깎아 내리고 비난하거나
남들을 해치거나 이간질하는 말을 하고 싶을 때는
나무토막처럼 가만히 있어야 한다네.

5:51 물질적인 이득을 바라거나 사람들의 존경이나
명예를 원하거나 시중들어 줄 사람을 구하거나
주목받기를 바랄 때는
나무토막처럼 가만히 있어야 한다네.

5:52 남들이 이익을 얻는 것을 싫어하고
자신만의 이익을 구하고 싶거나
자기 얘기를 들어줄 사람들을 바랄 때는
나무토막처럼 가만히 있어야 한다네.

5:53 조급함, 게으름, 두려움이나
뻔뻔하거나, 상스러운 말을 할 때
자신에게 집착하는 마음이 생길 때는
나무토막처럼 가만히 있어야 한다네.

다. 結義
5:54 마음이 번뇌에 물들어 있거나
쓸데없는 일에 빠져있는 것을
이와 같이 잘 알아차리고, 용자(勇者)처럼
알맞은 대치로 마음을 견고히 지켜야 한다네.

5:55 단호하게, 자신 있게, 꾸준하게, 공경하며,
예의 바르고 겸손하게, 온화하고 차분하게
또한 죄를 부끄러워하고 과보를 두려워하며
다른 이의 행복을 위해 헌신해야 한다네.

5:56 어리석은 사람들이 내가 바라는 것과
상충한다고 낙담해서는 안 되나니,
'그에게 번뇌 때문에 이런 마음이 생긴 것이다'
라고 생각하고
이해심을 가지고 그들을 자비롭게 대해야 한다네.

5:57 죄가 되지 않는 것이 확실한 선행으로
오로지 자신과 중생을 위해 일하며,
모든 것이 환영과 같다고 생각하여
마음속에 아집의 번뇌가 일어나지 않게 해야 한다네.

5:58 오랜 세월을 지나오다가 비로소
귀중한 인간의 삶[暇滿]을 얻게 된 것을
숙고하고 숙고하며, 이 마음을 수미산처럼
모든 것에 흔들림 없도록 지켜야 한다네.

2. 攝善法戒를 배운다 1) 계를 배우지 않는 원인을 끊는다 - 貪身
(1) 몸에 집착하지 말라는 비유

5:59 **독수리가 고기를 탐하여**
시체를 이리저리 쪼며 옮길 때도
마음이여, 그대는 불행해 하지 않으면서
지금은 어찌하여 육신을 아끼고 보호하려 하는가.

5:60 **마음이여, 그대는 어찌하여 이 몸을**
그대 자신의 것인 양 지키고 있는가.
이건 실제로 마음 그대와 별개의 존재인데
그대에게 무슨 소용이 있겠는가.

(2) 몸의 부정함을 관한다

5:61 **어리석은 마음이여, 그대는 어찌하여**
이 나무 조각상은 깨끗한데도 집착하지 않으면서
부정한 오물 덩어리
악취 나는 이 몸뚱이에게는 집착하는가.

(3) 몸에 精妙한 본질이 없음을 생각한다

5:62 먼저 자신의 마음속으로
이 몸뚱이에서 피부부터 순서대로 나누어 보라.
지혜의 예리한 칼로
살도 뼈에서 분리시켜 보라.

5:63 그리고 뼈도 깨뜨려 나누어 놓고
골수 내부까지도 면밀히 살펴보라.
여기 어디에 견실한 법의 실체가 있는지
그대 자신이 깊이 관찰해 보라.

5:64 아무리 열심히 찾아보아도
거기에서 아무런 실체도 찾을 수가 없다면
무엇 때문에 아직도 집착에 빠져
그대는 이 몸을 지키고 있는가.

(4) 몸을 탐착하지 말아야 하는 원인

5:65 이 몸은 불결하여 먹을 수 없고
피를 마실 수도 없으며 창자를 삼킬 수도 없는데
이 몸은 마음 그대에게 무슨 소용이 있는가.

5:66 아니라면, 사후에 이리(狼)나 독수리의
먹이로 하기 위해 이 육신을 지키고 있는가?

(5) 마땅히 이 몸으로 선업을 닦아야 한다

그러나 유가구족[暇滿]을 얻은 이 인간의 몸은
반드시 선업을 쌓는 데에 사용되어야 한다네.

5:67 우리가 이것을 다른 목적을 위해 보호하더라도
무자비한 죽음이 빼앗아 가서
새나 개에게 던져준다면
그때는 어떻게 할 수 있겠는가.

5:68 일을 하지 않는 하인에게
주인은 옷과 같은 것을 주지 않는 법인데
아무리 길러도 다른 데로 가버리는 이 몸을
그대는 어찌하여 힘들게 돌보고 있는가.

5:69 그대의 몸에 품삯을 주되 이제부터는 그대에게
이익이 되는 일을 시켜야 하나니
궁극적인 이익을 위해 도움이 되지 않는다면
이 몸에는 아무 것도 주지 말아야 하리라.

5:70 가고 오는데 의지하는 것뿐이니
그대의 몸을 나룻배로 생각하고
그리고 모든 중생의 행복을 위해 이 몸을
여의주와 같은 몸[如意身]으로 변화시켜야 한다네.

2) 마땅히 선업을 잘 지어야 한다 (1) 행동거지는 섬세하게

5:71 이렇게 자신의 몸과 마음에 주인이 되어
얼굴엔 언제나 미소를 띠고
찡그린 표정과 화난 표정을 버리며
온 세상 사람들에게 먼저 인사하고
친구가 되어야 하리라.

5:72 의자 같은 것을 옮길 때 부주의하거나
시끄러운 소리가 나지 않게 하고
문도 소리 나게 여닫지 말며,
항상 겸손하고 조용한 것을 기뻐해야 하네.

5:73 물새나 고양이, 도둑들이
소리를 내지 않고 살그머니 나아가서
자기들이 원하는 것을 얻듯이
우리도 항상 그렇게 움직여야 한다네.

(2) 다른 이가 선행을 하는 것을 隨喜한다

5:74 **남들을 격려하는 데 지혜롭고**
청하지 않아도 도움 되는 말을 하는 사람은
존경하는 마음으로 받들며
우리는 항상 누구에게서나 배워야 한다네.

5:75 **다른 이가 좋은 말을 하는 것을 들으면**
'좋은 말을 했다'고 칭찬하고
다른 이가 좋은 일을 하는 것을 보면
칭찬으로 격려해야 한다네.

5:76 **다른 사람들의 좋은 점이 칭찬받는 것을 보면**
자기도 함께 칭찬하며 기뻐하고
자기가 칭찬받을 때는 자만하지 말고
그런 점이 있는지 생각해 보아야 하네.

5:77 불자의 모든 행동은
다른 이의 행복을 위한 것이어야 하나니
그래야 고귀한 행동에서 나오는
순수한 기쁨과 행복을 누릴 수 있다네.

5:78 남의 공덕을 기뻐하면 이 삶에서도 행복하고
내생에서는 더 큰 행복을 얻게 되지만
남의 공덕을 질투하면 이 삶에서도 불만을 느끼고
괴로우며, 내생에서는 더 큰 고통을 받게 된다네.

(3) 여러 가지 선업을 짓는 것을 잘 배워야 한다

5:79 말을 할 때는 부드럽고 온화한 목소리로
진지하게 조리 있게 분명하게 하며
듣는 이의 마음도 귀도 즐겁게
자비로운 마음으로 해야 한다네.

5:80 다른 사람을 볼 때마다
내가 부처님의 깨달음에
도달할 수 있는 것은
이 중생들 덕분이라 생각하고
그들을 자비심으로 바라보아야 한다네.

5:81 큰 축복은 세 가지 복전에서 나오나니
공덕의 복전[敬田;三寶]과
은혜의 복전[恩田;父母]에 헌신하고
고통받는 중생[悲田;衆生]들에게
공성의 지혜를 가르쳐
고통에서 벗어나게 해 주는 것이라네.

5:82 부처님의 가르침을 제대로 수행하려면
그것을 분명하게 이해하여 악행을 하지 않고

선을 행함에 능숙하고 깊은 신심이 있어야 하나니
모든 업은 누구에도 의지하지 않고
스스로 짓는 것이라네.

5:83 보시 등의 육바라밀은 단계적으로 높아져서
보시보다는 지계,
지계보다는 인욕의 순서로 수승한 것인데
작은 것 때문에 큰 것을 버리지 말고
먼저 더 넓은 이타행을 생각해야 한다네.

3. 饒益有情戒를 배운다 1) 이타행을 권한다
5:84 이것을 깨닫고 우리는 언제나
다른 이의 이익을 위해 노력해야 하나니,
자비를 가지고 멀리 보시는 분(=부처님)께서는
성문 연각에게 금지된 것도
보살에게는 허락하셨다네.

2) 이타행을 하는 방법 ⑴ 재물로 이익되게 한다.

5:85 **보살비구는 탁발에서 얻은 음식을
어려운 이들과
자신을 돌볼 능력이 없는 사람들(=病者, 貧者)과
수행자들에게 나누어 주고
자신은 적당한 양만 먹도록 해야 하며,
옷은 세 가지 가사 이외는
모두 다른 이에게 주어야 한다네.**

5:86 **우리의 몸은
성스러운 가르침을 실천할 도구이라,
사소한 이익을 위해 해쳐서는 안 되나니,
이것은 우리가 중생들의 소원을 빨리
성취해 줄 수 있는
유일한 길이기 때문이라네.**

5:87 청정한 자비심과 지혜가 없는 이들은
자기 몸을 보시해서는 안 되나니
단지 금생과 내생의 최고의 목적을 위해
우리는 우리의 몸을 사용해야 한다네.

(2) 부처님 법으로 이익되게 한다.

5:88 법을 존경하지 않는 이에게 법을 설하지 말며
병이 없으면서도 머리에 천을 두르고 있는 자나
우산, 지팡이, 무기를 가진 자나
머리에 천을 얹고 있는 자에게
법을 설하지 말아야 한다네.

5:89 가르침을 받아들일 마음이 준비되어 있지 않은
사람들과, 남자를 동반하지 않은 여자들에게도
법을 설하지 말고, 소승과 대승의 가르침에 대하여
똑같이 존중하고 실천해야 한다네.

5:90 　대승의 가르침을 받고 싶어하는 사람을
　　　자신만의 해탈의 길[小乘]로 인도하지 말며
　　　보살행을 절대로 버리지 말아야 하며,
　　　현교와 밀교로 기만하지 말아야 한다네.

(3) 威儀로 이익되게 한다. 가. 가고 머물고 앉고 먹을 때

5:91 　남들 앞에서 양치질이나
　　　가래침을 뱉지 말고
　　　남들이 사용하는 우물이나 땅을
　　　대소변 등으로 더럽히지 말아야 한다네.

5:92 　음식을 먹을 때에는 음식물을 입에 가득 채우거나
　　　씹는 소리를 내거나 입을 많이 벌리지 말아야 하며
　　　앉을 때는 두 다리를 쭉 뻗지 말고
　　　쓸데없이 두 손을 함께 비벼서는 안 된다네.

5:93 다른 사람이 없을 때 탈 것이나 침대에서
남의 여인과 함께 있어서는 안 되며
세상 사람들이 불신하는 모든 일은
보거나 듣더라도 피해야 한다네.

나. 길을 가리킬 때

5:94 어떤 해야 할 일을 가리킬 때에는
한 손가락으로 하지 말고
공경하는 태도로 오른손 전체로 하며
길 안내도 이렇게 해야 한다네.

5:95 일이 있을 때 흥분하여 두 팔을 흔들며
소리치지 말고, 섬세하고 고요하게 움직이며
신호를 할 때는 손가락을 튕기는 탄지를 해야 하나니
그렇게 하지 않으면 마음의 안정을 잃게 된다네.

다. 잠잘 때

5:96 구세자이신 부처님께서 열반에 드실 때처럼
좋아하는 방향으로 오른 옆구리로 누워야 하며
잠에 들기 전에, 정지(正知)로써
일찍 일어나겠다고 단호하게 결심해야 한다네.

4. 결론

5:97 보살행의 수행에 대해서는
경전에 셀 수 없이 많이 설하고 있는데
모두 다 실천하는 것은 어렵지만,
먼저 마음을 정화하고 다스리는 수행부터 해야 한다네.

Ⅳ. 학처를 원만하게 하는 나머지 요점
1. 널리 말한다. 1) 학처를 정화하는 원인

5:98 날마다 낮과 밤에 세 번씩
『삼온경(三蘊經)』을 독송하고
승자이신 부처님과 보리심에 의지하면
죄업은 남김없이 모두 정화된다네.

2) 마땅히 배워야 할 범위

5:99 자의로든 타의로든
우리가 어떤 상황에 놓이게 되면
우리는 그 상황에 맞는 수행에
부지런히 정진해야 한다네.

5:100 보살들이 배울 수 없는 것은
아무 것도 없나니,
그와 같이 잘 배우며 행동하는 선량한 사람들에게는
공덕이 안 되는 행동은 아무 것도 없다네.

3) 修學의 원칙

5:101 직접적으로든지 간접적으로든지
중생들에게 이익이 되는 일만 하고
오로지 그들의 이익을 위해
모든 것을 깨달음으로 회향해야 한다네.

5:102 대승의 가르침에 정통하고
보살도를 수행하시는 선지식과,
보살의 수승하고 맑은 행을
목숨을 잃는 한이 있더라도 결코 버려서는 안 되네.

5:103 『화엄경』「입법계품」의
덕생동자 해탈법문에 설해진 대로
스승을 따르는 법을 익혀야 하나니
이외에 부처님께서 설하신 다른 말씀도
경전을 독송하며 알아야 한다네.

5:104 이 수행의 원칙들은 경전에 설해져 있으므로
우리는 경전을 독송해야 하며
그리고 『허공장보살경(虛空藏菩薩經)』에 설해져 있는
보살의 근본학처에 대해서도 배워야 한다네.

5:105 이외에 항상 배우고 실천해야 할 것은
　　　모든 학처의 요점을 모은 논전인
　　　『대승집보살학론』을
　　　반드시 여러 번 반복해서 보아야 한다네.

5:106 또 가끔은 모든 경전을 잘 요약해 놓은
　　　『일체경집요(一切經集要)』를 보거나
　　　성스러운 용수 보살께서 지으신
　　　『경집(經集)』과 『논집(論集)』의 두 권도
　　　매우 주의 깊게 읽어보아야 한다네.

5:107 부처님의 가르침에서 무엇을 금지하고
　　　무엇을 권장하는지 살펴보고
　　　세간 사람들의 삼보에 대한 신심을 지키기 위해
　　　이들 가르침을 철저히 실천해야 하리라.

2. 結義

5:108 몸과 마음의 상태를 항상 살피고 또 살피는 것
한마디로 요약해서 말한다면
이것이야말로 '정지(正知)'의 정의이라네.

5:109 우리는 가르침을 몸과 마음으로 실천해야 하나니
거기에 대해 읽기만 하면 무슨 도움이 되겠는가.
치료에 관한 의학서를 읽고 듣는 것만으로
병든 이에게 무슨 도움이 되겠는가.

이상이 『입보살행론』에 의한 「지계와 정지(正知)」라는 제5장이다.

제6장 인욕바라밀

입보살행론

지복에 이르는 보살의 길

제6장 인욕바라밀

Ⅰ. 성냄의 과환과 인욕의 공덕을 사유한다
 1. 감춰진 過患

6:1 수천 겁에 걸쳐 보시를 한 선행과
부처님들께 공양을 올리며 쌓아온
그 모든 공덕도
단 한순간의 분노로 파괴될 수 있다네.

6:2 분노보다 더 큰 죄악은 없고
인욕보다 더 어려운 고행은 없으니
그러므로 인욕을 기르기 위해
우리는 여러 가지 방법을 통해
수행해야 한다네.

2. 드러난 過患 1) 마음에 안락이 없게 한다

6:3 마음속에 분노의 화살이 꽂혀 있으면
우리는 마음의 평정을 잃게 되고
기쁨이나 행복을 얻지 못하며
불안하여 잠도 자지 못한다네.

2) 친한 이의 우정이 무너지게 한다

6:4 주인이 자기들에게 재물과 명예로
보상해 주더라도 화를 잘 내면 미운 생각이 생겨
그런 주인에게도 대들며 죽이려고 한다네.

6:5 화를 잘 내는 사람은 친구들조차 싫어하므로

3) 總結 - 성냄의 過患

사람들의 마음을 끌려고
무엇을 주어도 신뢰하지 않나니
화를 잘 내는 사람은 행복할 수 없다네.

6:6 화[분노]라는 적(敵)은 이 이외에도
온갖 과실과 고통을 가져오나니

3. 인욕의 공덕을 사유한다

만약 부지런히 노력하여
분노를 가라앉힌다면
그는 금생에서도 내생에서도
행복하게 된다네.

Ⅱ. 인욕을 수행하는 방법
1. 성냄의 원인을 제거한다 1) 성냄이 생기는 원인

6:7 하고 싶지 않은 일을 해야 하거나
하고 싶은 것을 못하도록
방해받는 일이 생기면
우리 마음속에 불만이 생기나니
이것이 우리를 분노와 파괴로 이끈다네.

2) 성냄의 원인을 없애도록 권한다

6:8 그러므로 우리는 불만이 마음속에서
화를 키우도록 내버려 둬서는 안 되나니
이렇게 자신에게 해를 끼치는 것은
이 분노라는 것 이외에 다른 것은 없다네.

3) 성냄을 없애는 방법 (1) 걱정(不喜)하지 말라

6:9 어떤 역경과 장애가 있더라도
마음의 행복이 흔들리게 해서는 안 되나니
근심하고 걱정하는 마음으로는
희망을 이루지 못할뿐더러
도리어 모든 선행도 시들게 한다네.

(2) 걱정하지 말아야 하는 이유

6:10 만약 개선할 수 있는 일이라면
무엇 때문에 낙담하는가
만약 개선할 수 없는 일이라면
그렇게 낙담하는 것이 무슨 의미가 있겠는가.

4) 성냄의 원인을 세밀히 관찰하여 온 힘으로 끊어야 한다
(1) 성냄의 대상의 차별

6:11 우리들은 자기 자신이나
사랑하는 사람에게는
고통을 주거나 경멸하거나 거친 말을 하거나
불쾌하게 하는 것을 바라지 않지만
싫어하는 사람에 대해서는
도리어 그 반대로 대한다네.

(2) 나를 기쁘게 하지 않는 성냄을 없앤다
가. 나로 인해 해를 받음이 생기게 하는 성냄을 막고 제거한다
가) 몸의 고통을 참는다 (가) 편안히 고통을 받는 인내를 닦는다
ㄱ. 고통은 해탈의 원인이라고 사유한다

6:12 행복의 원인은 드물게 생기고
고통의 원인은 너무나 많은데
하지만 고통이 없으면 출리심(出離心)도
생기지 않나니
그러므로 마음이여
고통을 참으며 확고 부동하여라.

6:13 힌두교의 두르가 여신을 믿는
까르나빠(Karnapa) 외도는
쓸데없이 몸을 태우고 칼로 베이는 고통도 견디는데,
최고의 깨달음이라는 큰 이익을 얻기를 바라면서
인내하지 않고 무엇을 두려워하는가.

ㄴ. 고통에 익숙해지면 자연히 이루어지는 것을 사유한다

6:14 익숙하게 습관을 들이면
쉽게 되지 않는 일은 아무 것도 없나니,
그러므로 작은 어려움을 참는 것에 익숙해지면
큰 어려움도 참을 수 있게 된다네.

6:15 뱀이나 모기 쇠파리들에게 물리거나
배고픔과 목마름
피부에 난 발진 등
이런 것들은 하찮은 고통이 아닌가.

6:16 추위와 더위, 비바람과
질병, 감금, 구타 등에도
참고 인내하지 않으면 안 되나니
그렇지 않으면 해로움은
도리어 늘어만 난다네.

6:17 어떤 사람은 자신의 피를 보면
더 용감해지는데
어떤 사람은 다른 이의 피만 봐도
기절까지 한다네.

6:18 그런 반응은 모두 그 마음이
강한지 약한지에 달려 있나니
그러므로 우리가 겪는 해로움에 구애되지 말고
우리 자신이 고통을 받지 않게 해야 한다네.

ㄷ. 고통을 참고 미혹을 끊는 이익을 사유한다

6:19 우리들은 신체적인 고통을 겪을 때마다
지혜롭게 평화로운 마음을
유지해야 하나니,
어려운 일을 겪을 때마다
분노와 같은 번뇌와 힘껏 싸워
결코 오염되는 일이 없어야 하리라.

6:20 어떤 고통에도 개의치 않고
분노와 같은 적을 물리치는 사람들은
영웅이란 칭호를 받아 마땅한
진정한 승리자들이니
세간의 영웅들이란
이미 죽은 사람들을
죽이는 거나 다름없다네.

6:21 더욱이 고통은 여러 가지 긍정적인 점도
갖고 있나니, 고통을 겪음으로써
염리심(厭離心)을 내어 교만심이 없어지고
고통받는 사람들에 대한 자비심이 일어나며
악을 버리고 선을 좋아하게 된다네.

(나) 法忍을 자세히 관찰하는 것을 닦는다
ㄱ. 널리 설한다 ㄱ) 성냄과 성내는 이가 自主가 아니다

6:22 풍이나 담 등 병의 고통이 생기게 하는
원인에 대해서는 분노하지 않으면서
그들 역시 조건의 지배를 받을 뿐인데
유정들에게는 왜 분노하는가.

6:23 예를 들면, 원하지 않는데도
원인 때문에 질병이 생기는 것처럼
분노와 같은 번뇌도
원인 때문에 생기는 것이라네.

6:24 화를 내겠다고 생각하기 때문에
사람들이 화를 내게 되는 것이 아니듯이
화도 자기가 일어나겠다고 생각하기 때문에
일어나는 것이 아니라네.

6:25 모든 범죄와
여러 종류의 악행들도
모두 조건 때문에 일어나는 것이고
아무 원인 없이 일어나는 것은 없다네.

6:26 조건이 모여서 이루어진 것이라 해도
고통을 주는 결과를 낳겠다는 생각이 없고
그 결과로 일어난 고통에도
조건 때문에 생겼다는 생각이 없다네.

ㄴ) 성냄에 자주인이 있다는 것을 논파한다
(ㄱ) 상키야학파의 主·我를 논파한다

6:27 〔상키야학파가〕 주장하는
'원질(프라크리티)' 이나
〔니야야학파가〕 가정하는
'자아(我;아트만)'라고 하는 것도
그것은 '원질' 혹은 '아' 가 낳는 것이니
생기겠다고 생각해서 의도적으로
생기는 것이 아니라네.

6:28 생기기 전에는 존재하지 않는 것이라면
그때 생겨나기를 바라는 것은 무엇이며,
자아가 영원하다면
불쾌한 경험은 유쾌한 경험으로
바꿀 수 없으리라.

(ㄴ) 勝論의 常我를 논파한다

6:29 만일 자아가 영원하다면
그것은 허공처럼 아무 활동도 할 수 없을 것이며,
그리고 그것이 다른 조건들을 만나더라도
여전히 그것은 아무것도 할 수 없으리라.

6:30 어떤 행동이 가해져도 자아가 전과 같은 상태로
남아 있다면, 행동이 자아에 무슨 영향을 미치는가.
어떤 다른 것이 자아에 영향을 준다고 주장한다면
자아와 그것이 어떤 관계를 가지는가.

(ㄷ) 환(幻)인 줄 알면 성냄을 쉰다

6:31 이와 같이 모든 것은 다른 조건들로부터 일어나고
또 아무것도 독자적으로 일어나는 것은 없나니,
그러므로 모든 것은 환영과 같아
스스로의 힘으로 활동하는 것이 아닌데
어떻게 화를 내겠는가.

ㄷ) 성냄이 비록 幻과 같다 하더라도 모름지기 끊어야 한다

6:32 「모든 것이 환영과 같다면, 누가 무엇을 억제하며,
어떤 억제든지 적절하지 않다」고 말한다면
모든 것이 다른 것에 의존해 일어나기 때문에
우리는 고통이 지속되는 것을 끊을 수 있다네.

ㄴ. 結義

6:33 그러므로 적이나 친구가
부적절한 행동을 하는 것을 볼 때
그것이 다른 요인 때문에 생긴 것이라고 생각하면
우리는 마음의 안정을 유지할 수 있으리라.

6:34 만약 자기 생각대로 이루어진다면
누구도 고통은 원하지 않으므로
세상에는 고통받는 이가
아무도 없으리라.

(다) 怨害를 참으며 인욕을 닦는다   ㄱ. 자비심을 갖는다

6:35 그러나 어떤 이들은 부주의해서
가시 위에 앉다가 스스로를 해치기도 하고
배우자(異性)를 얻으려는 욕망이 너무 강하여
식사조차 하지 않기도 한다네.

6:36 또 어떤 이들은 목을 매거나
절벽에서 뛰어내리거나
독약을 마시거나
몸에 해로운 물질을 섭취하는
부덕한 행동으로 스스로를 파멸시키기도 한다네.

6:37 번뇌에 사로잡힌 사람들은
그토록 소중하게 여기는 자기 자신까지 죽이는데
어떻게 그들이 남들에게 해를
끼치지 않는다고 할 수 있겠는가.

6:38 번뇌 때문에 이성을 잃어
자살까지 하는 사람에 대해
자비심은 못 낼 망정
화를 내서야 되겠는가.

ㄴ. 이치에 맞추어 성냄의 원인을 제거한다

6:39 남을 해치는 것이
어리석은 범부들의 본성이라면
그들에게 화를 내는 것은 부당한 일이니
타는 본성을 갖고 있다고
불에게 화내는 것과 같다네.

6:40 중생들의 허물은 일시적인 잘못일 뿐이고
그들의 본성은 선량한 것이라면
그들에게 화를 내는 것은 부당하나니
구름이 끼었다고 하늘에게 화를 내는 것과 같다네.

6:41 누가 막대기 같은 것으로 우리를 해치면
우리는 그것을 휘두른 사람에게 화를 내지만
그도 분노에 휘둘린 사람이니
우리가 화내야 할 대상은 바로 분노라네.

6:42 내가 과거에 남들에게
이렇게 해를 끼쳤으니,
그들이 지금 나에게 해를 끼치는 것은
너무도 당연한 것이라네.

ㄷ. 해침을 만나면 자신의 허물을 생각한다   ㄱ) 本義

6:43 그의 막대기와 나의 몸
이 두 가지가 고통의 원인인데,
그가 막대기로 나의 몸에 해를 가했다면
내가 어느 쪽에 화를 내야 하는가.

6:44 자신의 갈애와 탐욕 때문에
닿기만 해도 견딜 수 없는 종기 같은
인간의 몸을 얻었는데, 이것이 고통을 받을 때
우리가 누구에게 화를 내야 하는가.

6:45 어리석은 범부는, 고통을 원하지 않으면서도
고통의 원인은 좋아하나니
고통은 우리들 자신의 잘못으로 일어나는데
왜 우리가 남들에게 화를 내는가.

6:46 지옥의 옥졸들과 칼 숲에서
우리가 받는 고통은 모두
자신의 행동의 결과로 받는 것인데
대체 우리가 누구에게 화를 내는가.

6:47 내 자신의 업 때문에
나에게 해가 초래되는 것이니
그러므로 중생이 지옥에 떨어졌다면
내가 그들을 파멸시킨 것이 아닌가.

6:48 내게 화를 내는 그들에 대해 인내함으로써
나는 도리어 악업을 정화할 수 있지만
분노를 일으킨 그들은 지옥에 가서
오랫동안 고통을 받게 된다네.

6:49 그러므로 내가 그들에게 가해자이고
그들은 나에게 은혜를 가져다 준 것인데
비뚤어진 마음이여
어찌하여 그대는 그들에게 화를 내는가.

ㄴ) 논쟁을 끊는다

6:50 **만약 우리에게 인내심이 있으면
우리들은 자신의 고통을 면할 수 있다네.
그러나 우리는 우리들 자신을 구제하지만
우리의 적들은 어떻게 되는가.**

6:51 **우리가 그들이 끼친 해를 해로 갚는다면
그들은 결코 구제받지 못할 것이며
우리의 모든 선행도 손상되고,
인욕 수행도 허물어지리라.**

나) 헐뜯고 비방하는 고통을 참는다

6:52 **마음은 물질이 아니기 때문에
아무도 그것을 해칠 수 없다네.
그러나 마음은 몸에 집착하기 때문에
몸이 고통을 받으면 마음도 고통을 받는다네.**

6:53 **경멸과 욕설과 불쾌한 말은
우리의 몸에 해를 끼치지 않는데
어찌하여 마음이여
그대는 그렇게 화를 내는가.**

6:54 **남들이 나를 경멸하더라도
그것으로 나는 금생에서나 내생에서
해를 입지 않는데
어찌하여 나는 그토록 싫어하는가.**

6:55 **재물을 얻는데 방해가 되기 때문에
우리가 인욕을 싫다고 한다면
그러나 우리가 죽을 때 모든 재산은 남겨두고
우리가 지은 악업은 우리와 동행할 텐데
어찌하겠는가.**

6:56 악업을 지으면서 오랫동안 사는 것보다
오늘 죽는 것이 더 나을지 모르나니
우리가 오래 산다 하더라도
같은 죽음의 고통이 기다리고 있기 때문이네.

6:57 꿈속에서 백 년 동안 행복을 누려도
깨고 나니 바뀐 것이 무엇이며
꿈속에서 한순간 행복을 누렸지만
깨고 나니 바뀐 것이 무엇이던가.

6:58 깨고 나면 이들 둘의 행복은 끝이 나고
다시 돌아오지 않듯이
장수하든 단명하든 두 가지 다
죽을 때에는 이와 같이 모든 것을 잃게 된다네.

6:59 많은 재산을 모아
오랫동안 즐거움을 누려도
죽을 때는 도둑들에게 모두 빼앗긴 것처럼
우리는 빈손에 맨몸으로 떠나야 한다네.

6:60 그래도 재산 덕분에 살아가면서 악업을 정화하고
공덕을 쌓을 수 있다고 생각할지 모르나
재산을 모으느라 악업을 짓는다면 우리에게
느는 것은 악업이고, 줄어드는 것은 공덕이라네.

6:61 악업은 고통의 주된 원인이고
고통은 우리가 버려야 할 중요한 대상인데
악업만을 짓는 삶이
무슨 의미가 있겠는가.

6:62 나를 비방하는 사람을 싫어하는 이유가
그가 중생들을 해치기 때문이라면,
그가 남들을 비방할 때는
어째서 우리는 화를 내지 않는가.

6:63 믿을 수 없는(=無信仰) 다른 이에 관한 것이라서
그대가 참을 수 있다면
번뇌를 일으키게 하는 원인이 되는
비방에는 왜 참지 못하는가.

나. 나로 인해 해를 받는 것에서 생기는 성냄을 없앤다
가) 법인을 자세히 관찰한다

6:64 불상과 불탑이나 정법을
비방하거나 파괴하는 이들에게
내가 화내는 것은 부당하나니
부처님들은 해를 입지 않기 때문이라네.

6:65 스승이나 친척이나 친구들이
해를 입는 경우에도
그것이 원인들 때문에 일어난 것으로 생각하여
우리는 화를 억제해야 한다네.

6:66 우리들은 유정물과 무정물로부터
다 같이 해를 입는데
어찌하여 유정물에게만 화를 내는가
그러므로 해를 입더라도 참아야 한다네.

6:67 어떤 이는 무지 때문에 잘못을 저지르고
어떤 이는 무지 때문에 화를 내는데
이들 중 누구의 행동에 허물이 없고
누구의 행동에 허물이 있다고 하겠는가.

6:68 **과거에 우리가 무지하여 남에게 해를 끼쳐
지금 남들이 우리에게 해를 끼치는 것이므로
이것은 모두 우리의 업보인데
어찌하여 우리가 남들에게 화를 내는가.**

6:69 **이제 이것을 깨달았으니
어떤 경우에도 서로에게 의지하며
사랑하는 태도를 기르며
우리들은 선행을 쌓도록 노력해야 한다네.**

나) 인욕의 이익을 생각한다

6:70 **어떤 집에 불이 나서
불길이 다른 집으로 번질 때
지푸라기같이 불을 번지게 하는 것들을
끌어내려서 버려야 한다네.**

6:71 마찬가지로 마음이 집착 때문에
미움의 불로 탈 때에도
공덕의 몸이 탈 염려가 있으니
즉각 그것을 던져버려야 한다네.

6:72 사형선고를 받은 사람이
한 손만 잘리고 풀려난다면 얼마나 다행인가.
마찬가지로 인생의 고통만 겪고
지옥의 고통을 면할 수 있다면 얼마나 다행이겠는가.

6:73 금생의 이만큼의 고통도
견딜 수 없으면서
내생에 지옥에서 큰 고통을 받게 하는 원인인
분노를 어찌하여 던져버리지 않는가.

6:74 이렇게 오로지 분노 때문에
수천 번 지옥의 고통을 겪었으면서도
나는 자신을 위해서든 남을 위해서든
인욕이라고는 하지 않았다네.

6:75 남들을 위해 우리가 겪는 고통은
거기서 나올 이득에 비하면 아무것도 아니나니,
이 고통이 윤회하는 중생들의 고통을 쫓아주는데
어떻게 우리가 기뻐하지 않을 수 있겠는가.

다. 적이 잘 되었을 때 생기는 분노를 없앤다
가) 적이 칭찬 받는 것을 기뻐한다

6:76 어떤 이가 좋은 점을 갖고 있어서
남들이 칭찬하고 기뻐하면
나도 마찬가지로 함께
칭찬하며 기뻐해야 하리라.

나) 적이 행복을 얻는 것을 기뻐한다

6:77 기뻐하는 데서 나오는 이 기쁨은
나무랄 데 없는 행복의 원천이므로
공덕을 가지신 부처님께서 증명하시는
남들을 끄는 최고의 방법이라네.

6:78 남들의 행복에 관심이 없으며
그들의 행복을 바라지 않는 사람들은
자기를 위해 일하는 사람에게
품삯을 주지 않는 것과 같으므로
금생에도 내생에도 혜택을 받지 못할 것이라네.

6:79 자신의 좋은 점이 칭찬받을 때는
남들이 기뻐해 주기를 바라면서
남들의 좋은 점이 칭찬받을 때는
우리는 기뻐하는 데에 인색하다네.

6:80 그대는 중생들의 행복을 위해
보리심을 일으켰으면서
중생이 스스로 행복을 구하는데
어찌하여 기뻐하지 않는가.

다) 적이 이익을 얻는 것을 기뻐한다
(가) 적이 이익을 얻으면 자기가 맨 처음에 가진 생각을 사유한다

6:81 만일 모든 중생들이 깨달음을 얻어
삼계에서 예경 받는 것을
그대가 진정으로 바란다면
다른 사람이 존경과 보살핌이나 보시하는 것을 보고
어찌하여 그대는 그렇게 괴로워하는가.

6:82 그대가 양육해야 할 누군가가
스스로 생계를 꾸려갈 수 있게 될 때
그대는 기뻐하지는 못할 망정,
오히려 화를 내고 있는가.

6:83 **중생들을 위해 이것조차 바라지 않는다면
어떻게 그들이 깨달음을 얻기를 바랄 수 있으며,
남들이 잘 되는 것을 보고 화를 낸다면
보리심은 어디에서 찾을 수 있겠는가.**

(나) 적이 이익을 얻는 것은 자기와는 관계없다고 생각한다

6:84 **누군가가 그 보시를 받았거나
혹 보시하려던 사람의 집에 공양물이 남아 있더라도
어느 경우든 그것은 그대의 것이 아닌데
그걸 주든 안 주든 무슨 상관 있는가.**

(다) 자기의 허물을 생각한다

6:85 **애써 쌓은 복덕과 신심
자신의 공덕을 어찌하여 버려 버리는지
얻은 것도 가지지 못하면서
누구에게 분노해야 하는지를 설명해 보라.**

6:86 그대 자신이 저질러온 악행에 대해
뉘우치고 참회하지 않는 것도 나쁜 일인데,
어찌하여 선행을 하는 이들을
질투하여 경쟁하려 하는가.

(3) 원하는 것을 방해받았을 때 생기는 분노를 없앤다
가. 적에게 해가 생기지 않는 것에 화내는 것은 옳지 않다

6:87 만약 적에게 좋지 않은 일이 있더라도
그래서 그대가 좋아할 일은 무엇인가.
그대가 바라는 기대만으로는
그대의 적이 해롭게 될 원인으로 되지 않는다네.

6:88 그대의 뜻대로 적이 고통받는다 하더라도
어떻게 그것이 그대를 행복하게 하겠는가.
그것이 그대에게 만족을 준다고 말한다면
이보다 더 나쁜 일이 어디에 있겠는가.

6:89 그런 생각은 분노와 같은 낚시꾼이 던져놓은
견딜 수 없을 정도로 날카로운 낚시바늘 같아서
한번 걸리면 틀림없이 지옥의 사자들이 끌고 가서
화탕지옥에 집어넣고 태워 버릴 것이네.

나. 자신의 이익에 해를 가하는 것에 인내해야 한다
 가) 세속의 일을 방해하는 것에 화를 내는 것은 옳지 않다
 (가) 자신의 명예에 해를 가하는 것에 화를 내는 것은 옳지 않다
  ㄱ. 명예의 무익함을 사유한다

6:90 **칭찬과 명성과 명예는**
공덕이나 수명을 늘려주지 않을 뿐만 아니라
체력이나 건강에도 도움이 되지 않고
신체적인 안락도 가져다 주지 않는다네.

6:91 음주와 도박 같은 일시적인 쾌락이
우리들을 진실로 행복하게 만들지 않나니,
우리가 인생의 의미를 진정으로 안다면
그런 것들을 무가치하게 여겨야 할 것이라네.

6:92 명예를 위해 사람들은 재물을 주고
때로는 목숨까지도 희생하지만,
그러나 우리가 죽을 때에
명예가 무슨 소용이 있으며
그것이 누구에게 기쁨을 주겠는가.

ㄴ. 비난이나 명예에 근심하거나 기뻐하는 것은 옳지 않음을 사유한다

6:93 자기가 쌓은 모래성이 무너질 때
아이들이 지칠 때까지 계속 우는 것처럼
사람들은 칭찬과 명성을 잃으면
몹시 괴로워한다네.

6:94 말에는 의식이 없으므로
그것이 우리들을 칭찬하지 못하지만,
우리들을 기쁘게 하는 것은
우리들을 칭찬하는 사람의 기뻐하는 마음이라네.

6:95 남들이 누군가에 대해서나
우리에 대해 기뻐한다고 해도
그들의 기쁨은 어디까지나 그들의 것일 뿐
추호도 우리의 것이 아니라네.

6:96 그들이 기뻐할 때 우리도 기뻐한다면
우리는 모든 경우에 기뻐해야 할 텐데
어찌하여 남들이 칭찬을 받아 기뻐할 때
우리는 기뻐하지 않는가.

6:97 그러므로 친구들과 남들이 하는 칭찬에서
자기 만족에 빠지거나 기쁨을 찾는 것은
전혀 당치 않는 일이라
그것은 매우 유치한 것이라네.

(나) 비방이나 훼방이 자기에게 유익하다고 생각한다

6:98 나에 대한 칭찬으로 마음이 산란하게 된다면
마음의 평화와 윤회에 대한 출리심이 없어지게 되고
남들의 재능을 부러워하게 하고
그들의 성공에도 분노하게 만든다네.

6:99 그러므로 우리들 가까이 있으면서
우리들이 칭찬받지 못하게 하는 사람들은
우리들이 악도에 떨어지지 않게
보호해 주는 사람들과 같다네.

6:100 해탈을 구하는 우리들에게
재물과 명예라는 족쇄는 어울리지 않나니,
우리들에게 해탈을 가져다 주려는 분들에게
어떻게 우리들이 화를 낼 수 있겠는가.

6:101 우리들이 악도로 들어가려 할 때
부처님이 가피로 보내신 것처럼
그들은 악도로 들어가는 문을 막아주는데
어떻게 우리가 그들에게 화낼 수 있겠는가.

나) 덕을 닦을 때 비난을 받아도 성내지 말라
(가) 복을 닦는 데는 인욕보다 수승한 게 없다고 생각한다

6:102 수행에 방해가 된다고 주장하며
그들에게 화를 내서는 안 되나니,
그들을 통해서 우리는 인욕을 수행하는데,
인욕보다 더 좋은 수행은 없기 때문이라네.

6:103 만약 내가 자신의 결함 때문에
적에 대해 인욕하지 못한다면
공덕을 쌓는 인욕수행을 막는 것은
적이 아니라 우리들 자신이라네.

(나) 적(敵)은 복의 장애가 아니라고 생각한다

6:104 적이 우리가 인욕이란 공덕을 쌓은 원인이라면
그가 없으면 수행할 원인이 없는 것이고
그가 있으므로 이 수행을 할 수 있는데,
어찌하여 그가 우리의 수행의 장애라 하는가.

6:105 때 맞추어 나타나는 걸식은
보시를 수행하는 이들에게 방해가 되지 않듯이
계를 주는 것이
계를 받으려는 이들에게 방해가 되지 않는다네.

(다) 적을 공경의 대상으로 생각한다
　ㄱ. 敵은 인욕을 수행하는 원인이다

6:106 세상에 구걸하는 이들은 많지만
우리들을 해치는 사람들은 드무나니
왜냐하면 내가 해를 끼치지 않으면
누구도 나에게 장애를 가하지 않기 때문이라네.

6:107 갑자기 집안에 나타난 보물처럼
우리는 손 하나 까딱하지 않았는데
적들이 나타나 우리의 수행을 돕고 있으니
우리는 적에 대해 기뻐해야 하리라.

6:108 인욕하려면 적과 나 둘 다 필요하므로
인욕의 과보는 둘 다 받게 되지만
그 과보는 적에게 먼저 주어야 하나니
그가 인욕의 원인이기 때문이라네.

6:109 적에게는 우리들의 수행을 도울 의도가 없으므로
그를 존중할 필요가 없다고 주장한다면
어찌하여 성취의 원인인
성스러운 다르마(=정법)에는 공양하는가.

6:110 적의 의도는 우리를 해치는 것이었으므로
그를 존중하지 말아야 한다면
그가 의사처럼 우리를 도우려 했다면
어떻게 우리가 인욕을 수행할 수 있었겠는가.

6:111 우리가 인욕을 수행하게 되는 것은
나쁜 의도를 갖고 있는 이들 때문이니
그들이 곧 우리들의 인욕의 원인이므로 우리는
성스러운 다르마처럼 그들을 존중해야 한다네.

ㄴ. 중생과 부처가 모두 평등하다

6:112 그러므로 중생이라는 복전이
승자(勝者)의 복전이라고
부처님께서 말씀하신 까닭은
그들을 기쁘게 하는 것으로 많은 수행자들이
원만하게 피안에 도달했기 때문이라네.

6:113 모든 중생들과 승자에 의해
불법을 성취하는 것은 같은데
승자이신 부처님을 존경하는 것처럼
어찌하여 중생들을 존중하지 않는가.

6:114 목적은 물론 같지 않지만
중생들도 같은 결과인 성불로 인도하므로
그들도 공덕의 터전이라는 점에서는
부처님과 동등하다네.

6:115 무한한 사랑을 갖고 있는 한
중생을 공경하는 데서 얻는 공덕은
중생들의 위대함 때문이고
우리가 부처님을 믿는 데서 얻는 공덕은
부처님의 위대함 때문이라네.

6:116 그들은 둘 다 성불로 인도하므로
중생들이 부처님과 같다고 하지만,
중생들이 실제로 부처님과 동등한 것은 아니니,
부처님은 무한한 공덕의 바다이기 때문이라네.

6:117 그러나 부처님의 무한한 공덕의 일부라도
어떤 중생에게 나타나면
삼계를 다 바쳐 공양해도
충분하지 않을 것이네.

6:118 중생들은 부처님의 공덕 중에서
가장 좋은 면을 갖고 있으므로
우리가 중생들을 공경하는 것은
너무도 당연한 것이네.

ㄷ. 중생을 공경하는 것은 부처님의 은혜를 보답하는 것

6:119 더구나, 우리들에게 무한한 행복을 주시는
부처님께 보답하는 가장 좋은 길은
중생들을 행복하게 해주는 것 말고
무슨 다른 길이 있겠는가.

6:120 중생을 위해 여러 번 목숨을 버리시고
대단한 고통 속에도 들어가신
부처님께 보답하는 길은
중생들이 우리를 해치더라도
그들의 행복을 위해 노력하는 것이라네.

6:121 우리보다 훨씬 더 위에 계신 부처님께서도
자신을 생각하지 않으시고 중생들을 위하시는데
어찌하여 우리는 어리석게도 오만하게 행동하며
중생들에게 봉사하지 않는가.

6:122 부처님께서는 중생들이 기뻐하면 기뻐하시고
중생들이 괴로워하면 괴로워하시니,
그러므로 중생들을 기쁘게 하는 것은
부처님을 기쁘게 해드리는 것이고
중생들을 괴롭히는 것은
부처님을 괴롭히는 것이라네.

6:123 온 몸이 불에 타고 있다면 어떤 욕망으로도
마음을 즐겁게 못하나니, 우리가 중생을 해치면
부처님을 기쁘게 해드릴 길이 없다네.

6:124 그러므로 제가 지금까지 중생들에게 끼친 해악은
모든 부처님을 슬프게 하는 것이었으므로
오늘 제가 이 모든 악행을 참회하오니
부처님이시여, 저를 용서해 주소서.

6:125 지금부터 모든 부처님을 기쁘게 해드리기 위해
나는 모든 중생들에게 봉사하리니
그들이 나를 쓰러뜨리거나 짓밟더라도
보복하지 않고, 부처님을 기쁘게 해드리리라.

6:126 대자대비하신 부처님께서는
모든 중생들을 자기 자신처럼 여기시고
선량한 중생들의 모습으로도 나타나시는데
어떻게 우리가 불손하게 대할 수 있겠는가.

2. 인욕의 공덕을 생각한다 1) 전체적으로 말한다
6:127 이것이야말로 부처님을 기쁘게 하는 것이고
올바른 자신의 뜻(=自利)을 성취하는 것이며
세간의 고통을 다 없애는 것이니
그러므로 우리는 항상 인욕을 수행해야 하리라.

2) 비유로 밝힌다

6:128 **왕의 신하 한 사람이
많은 사람들을 괴롭혀도
현명한 사람들은 거기에 대항하는
능력이 있더라도 보복하지 않는다네.**

6:129 **왜냐하면 그 신하는 혼자가 아니고 뒤에 왕이라는
막강한 세력이 버티고 있기 때문이니,
그러므로 어떤 나약한 사람이 우리들을 해치더라도
우리는 그를 경시하지 않아야 한다네.**

6:130 **왜냐하면 그의 뒤에는 자비로운 부처님과
지옥을 지키고 있는 이들이 버티고 있기 때문이니,
그러므로 우리는, 신하가 왕을 대하듯이
모든 중생들을 공경해야 한다네.**

6:131 아무리 우리가 그런 왕을 화나게 하더라도
그는 우리들을 지옥에 밀쳐 넣을 수 없지만
우리가 중생을 해치면
우리들은 지옥에 떨어지게 된다네.

6:132 그리고 아무리 우리가 그 왕을 기쁘게 해주어도
그는 우리들에게 깨달음을 주지 못하지만
우리가 중생들을 기쁘게 해주면
우리들은 깨달음을 얻을 수 있다네.

3) 결론 - 공덕의 종류를 나타낸다

6:133 **중생들을 기쁘게 함으로써**
필경 우리가 부처가 되는 것은 제쳐두더라도
우리가 금생에서 지복(至福)과 명예
평온을 얻을 수 있는 것을 어찌하여 보지 못하는가.

6:134 **인욕하면, 윤회 속에 남아있는 동안에도
우리는 미모와 건강과 명성과
장수뿐만 아니라, 전륜성왕이
누리는 안락까지도 얻게 된다네.**

이상이 『입보살행론』에 의해 「인욕바라밀」을 나타낸 제6장이다.

입보살행론
지복에 이르는 보살의 길

제7장
정진바라밀

입보살행론

지복에 이르는 보살의 길

제7장 정진바라밀

Ⅰ. 정진에 힘쓰기를 권한다

7:1 이와 같이 인욕을 수행하는
이는 정진을 시작해야 하리니
깨달음은 정진에 달려있기 때문이며
바람이 없으면 움직임도 없는 것처럼
정진이 없으면 복덕도 생기지 않는다네.

Ⅱ. 정진의 정의

7:2 정진이란 선행(善行)을 하려는 노력이라네.

Ⅲ. 어떻게 정진하는가
1. 불정진을 없앤다 1) 불정진에 대해 안다

그 반대는 게으른 것과 나쁜 행에 집착하는 것
낙담과 자기 자신을 경멸하는 것이라네.

2) 어떻게 끊는가 (1) 방일을 좋아하는 게으름을 끊는다
가. 게으름의 원인을 관찰한다

7:3 **나태의 원인은 게으름과
쾌락과 잠을 좋아하고
윤회의 고통에 대해
염리심을 갖지 않는 것이라네.**

나. 어떻게 끊는가 가) 죽음의 고통을 사유한다

7:4 **게으름과 같은 번뇌의 올가미에 걸려
윤회의 그물에 빠져들어
이렇게 죽음의 입 안에 들어와 있는데도
어찌하여 그대는 깨닫지 못하는가.**

7:5 **주변 사람들이 차례로
죽어가고 있는데도 그대는 보지 못하고
그렇게 도살장의 들소처럼
아직도 잠만 자고 있는가.**

7:6 도망갈 길은 모두 막혀 있고
염라왕이 지켜보고 있는데
어찌하여 그대는 먹는 것만 좋아하고
또한 그렇게 잠을 즐기고 있는가.

7:7 죽음이 빨리 다가오고 있으므로
지금 바로 자량을 쌓아야 하나니,
때가 되어서야 게으름을 버린다 하더라도
이미 너무 늦었는데 무엇을 할 수 있겠는가.

7:8 '이것은 아직 하지 못했다' '이것은 이제 시작했다'
'이것은 반쯤밖에 못했다'고 하고 있는 사이에
느닷없이 염라왕이 찾아오면,
'아, 이젠 틀렸구나'고 생각하게 될 것이네.

7:9 **엄청난 슬픔으로 얼굴이 붓고
벌겋게 된 눈에 눈물이 흐르고
친척들은 희망을 잃고 있을 때
그때 그대는 저승사자들의 얼굴을 보게 되리라.**

7:10 **자신이 저지른 악행을 기억하며 괴로워하고
지옥의 비명소리가 귓전을 때리며
겁에 질려 자신의 오물로 몸을 더럽히게 되리니
이와 같이 자신의 마음이 광란할 때
무엇을 할 수 있겠는가.**

나) 내세의 고통을 사유한다

7:11 **그대가 금생에서 겪는 고통도
산 채로 구워지는 물고기와 같은데
그대가 지난날 저지른 악행으로
지옥에서 겪을 고통은 말해 무엇하겠는가.**

7:12 뜨거운 물에 닿기만 해도
부드러운 살갗은 엄청난 화상을 입는데,
뜨거운 지옥에 갈 악행을 저질러 놓고
어떻게 그렇게 속편하게 지내고 있는가.

7:13 정진도 않으면서 높은 성취를 바라고
고통도 견디지 못하면서 영원한 해탈을 원하며
죽음의 문턱에 살면서 영원히 살 것처럼
행동하고 있으니,
이 얼마나 어리석은 일인가.

다) 방일하지 말기를 권한다
7:14 인간이라는 이 나룻배를 이용하여
거대한 고통의 강을 건너가야 하나니
이 배는 다시 구하기 어려운지라
어리석은 자여, 지금은 잠을 탐할 때가 아니라네.

(2) 비열함에 탐착하는 게으름을 끊는다

7:15 어째서 그대는 무량한 행복의 원천인
성스러운 부처님의 가르침을 버리고,
고통의 원인인 오락과 같은 하찮은 것들에서
즐거움을 찾으려 하는가.

(3) 선행을 두려워하는 게으름을 없앤다
가. 두려움에 대한 대치

7:16 낙담하지 말고 지혜와 공덕을 쌓고
억념과 정지(正知)를 통해 자제력을 기르고
나와 남을 동등하게 여기고
나와 남을 바꾸는 수행을 해야 하리라.

7:17 내가 어떻게 깨달음을 얻을 수 있겠느냐고
생각하여 낙담하고 게으름 피워서는 안되나니
부처님께서 진실한 말씀으로
이 진리를 가르쳐 주시기를

7:18 모기 파리 등에와 같은
하찮은 벌레들이라도
정진의 힘을 일으키면
얻기 힘든 위 없는 보리를 얻을 수 있다 하셨네.

나. 분발해서 노력하라
가) 정진으로 성불할 수 있음을 생각한다

7:19 인간으로 태어나서
선과 악을 구별할 줄 아는데
부처님의 가르침을 버리지 않는다면
어떻게 깨달음을 얻지 못하겠는가.

나) 수행으로 고통이 경미하게 됨을 사유한다

7:20 어떤 이들은 자신의 몸을 희생해야 한다는
두려움 때문에 용기를 잃을 수도 있지만
그러나 이것은 우리가 어떤 것을
언제 보시해야 하는지 모르기 때문이라네.

7:21 우리는 무수한 겁 동안
칼로 베이고 찔리는 등
온갖 고통을 겪었지만
아직 깨달음을 얻지 못했다네.

7:22 우리가 깨달음을 얻기 위해 겪어야 하는 고통은
이 고통에 비하면 아무것도 아니나니,
그것은 더 큰 숨은 고통을 없애기 위해
수술할 때 우리가 겪는 작은 고통과 같다네.

7:23 의사들이 고통스러운 치료법을 사용하여
사람들의 질병을 고쳐주듯이
수많은 윤회의 고통을 없애기 위해
작은 불행이나 고통은 참고 견뎌야 한다네.

다) 점차 수행하면 어렵지 않다고 사유한다

**7:24 최고의 의사이신 부처님께서는
의사들이 쓰는 일반적인 치료법이 아닌
지극히 부드러운 치료법으로
모든 큰 질병을 고쳐주신다네.**

**7:25 부처님께서 말씀하시기를
야채 등의 음식을 보시하는 작은 보시로 시작하여
차츰 익숙해지게 되면 나중에는
우리의 몸까지도 보시할 수 있다고 하셨다네.**

**7:26 마침내 우리가 우리의 몸을
음식과 같게 여기는 마음을 갖게 되면
우리가 우리의 몸을 주어버리는 데에
무슨 어려움이 있겠는가.**

라) 보살에게는 고통이 없고 오직 즐거움뿐이라고 사유한다

7:27 보살들은 악을 버리셨기에
육체적인 고통을 느끼지 않으시고
명료하게 공성을 깨달으셨기 때문에
정신적인 고통도 겪지 않으신다네.

7:28 복덕에 의해 몸이 안락하고
지혜에 의해 마음이 행복하신
자비를 가진 보살들이 윤회 속에 머문들
무슨 고통을 느끼시겠는가.

7:29 이 보살들은 보리심의 힘 때문에
과거의 모든 악업을 정화하셨고
바다와 같은 복덕과 지혜를 쌓으셨기 때문에
성문들보다 더 높으시다네.

7:30 그러므로 절망과 피로를 쫓아주는
보리심이라는 수레를 타고
이렇게 기쁨에서 기쁨으로 나아가시는 분들을
마음에 잘 새긴다면 누군들 낙담하겠는가.

2. 정진력을 증장시킨다
　1) 정진을 돕는 네 가지 힘을 증장시킨다　(1) 총설

7:31 중생들을 위해 정진하는데 도움이 되는
네 가지 힘은 열망과 자신감, 기쁨과 버림이나니
열망은 선업의 이익에 대해 명상하고
윤회의 고통을 두려워하는 마음에서 생긴다네.

7:32 정진에 반대되는 모든 것을 극복하고
열망과 자신감, 기쁨과 버림으로
정진을 더욱더 늘리기 위해
우리는 계속해서 노력해야 한다네.

(2) 개별적으로 설한다 가. 信樂力
가) 信樂의 대상 (가) 일찍이 죄를 없애지 못한 것을 사유한다

7:33 **나와 남의 무량한 악업을**
내 스스로 정화하기로 하였으니
언제나 이 모든 악업을 다 정화하도록
겁의 바다가 다할 때까지 노력하리라.

7:34 **그러나 게으름 때문에 내가 이들 악업 중에서**
아무것도 정화하지 못하고
한없는 고통 속에 남아있게 된다면
어떻게 내 심장이 터지지 않겠는가.

(나) 일찍이 덕을 닦지 못했음을 사유한다

7:35 **나는 나 자신과 남들을 위해**
많은 공덕을 쌓아야 하나니
따라서 단 하나의 공덕이라도
겁의 바다가 다하도록 익숙해지게 하며 쌓으리라.

7:36 지금까지 이들 공덕 가운데
티끌만큼도 익숙해지도록 쌓지 못하고
이 귀한 인간의 삶을 낭비하고 있다면
이보다 더 큰 비극이 어디에 있겠는가.

(다) 일찍이 법을 수행하지 못했음을 사유한다

7:37 나는 부처님께 공양을 올린 적도 없고
향례[大祭]를 베풀어 기쁨을 드린 적도 없으며
가르침에 대한 실천도 다하지 못했고
걸식을 구하는 것도 채워주지 못했다네.

7:38 두려워하는 이들에게 편안함을 주지도 못했고
괴로워하는 이들에게 괴로움을 없애주지 못했으며
내가 지금까지 한 것이라고는
어머니에게 출산의 고통을 준 것뿐이라네.

나) 信樂의 중요성

7:39 **전생에 다르마에 대한
열망이 부족했기 때문에
금생에 이토록 고통받고 있는데,
어떻게 내가 다르마(=佛法)에 대한
열망을 버릴 수 있으리오.**

7:40 **열망[信解]이 모든 선행의 뿌리이라고
부처님께서 말씀하셨나니,**

다) 信樂으로 이끄는 원인 (가) 전체적으로 말한다
**열망의 뿌리는 인과응보에 대해
끊임없이 명상하는 것이라고 하셨네.**

(나) 개별적으로 말한다 ㄱ. 染業을 사유한다
7:41 **모든 육체적인 고통과 정신적인 괴로움
온갖 유형의 두려움**

원하는 것과 멀어지는 고통은
모두 악행 때문에 일어난다네.

7:42 선한 행동을 하면 언제 어디를 가든지
공덕의 과보로 존경과 명예가 따른다네.

7:43 그러나 악행을 하면 안락을 원해도
언제 어디를 가든 악행의 과보로
고통의 칼이 우리를 잘라 쓰러뜨리리라.

ㄴ. 淨業을 사유한다

7:44 선행으로 부처님의 정토에 태어나는 이들은
부처님의 빛을 받아 연꽃에 태어나서
부처님의 아름다운 말씀의 양식으로
최고의 안정과 행복을 누린다네.

ㄷ. 죄업을 사유한다

7:45 반면에, 과거에 지은 악행 때문에
지옥에 태어나는 이들은
피부를 벗기고 칼과 창으로 찌르는 등
온갖 고문을 여러 겁 동안 당한다네.

라) 총결 - 신락의 힘

7:46 그러므로 우리는
선업을 열망하고 열심히 실천해야 한다네.

나. 堅毅力 가) 간략히 말한다

그리고 『금강당경』에 설해진 대로
〔선업에 대한 확고한〕 자신감(=自慢)을
가지도록 수행해야 한다네.

나) 널리 말한다 (가) 도중에 중지하지 말라

7:47 먼저 우리는 무엇을 해야 하는지 검토하여
그것을 할 수 있는지 없는지 알아야 하며,

할 수 없는 것은 시작하지 말고,
일단 시작하면 포기하지 말아야 한다네

7:48 그것이 습관이 되어
다음 생에서도 그 악행 때문에 고통이 늘어나고,
다른 선행도 못하게 되거나
변변치 않은 열매를 맺기 때문이라네.

(나) 세 가지 자신감을 닦아라
7:49 행동과 번뇌와 능력의 세 가지 면에서
우리는 자신감을 갖고 있어야 한다네.

ㄱ. 선을 닦을 자신감
'나는 그것을 할 수 있다'는 말은
행동에 관한 자신감을 보여준다네.

7:50 중생들은 번뇌의 지배를 받기 때문에
　　　무엇이 그들에게 이익이 되는지 몰라
　　　그것을 하지 않으므로 내가 그들을 위해
　　　이것을 해야 한다고 하는
　　　능력의 자신감을 일으켜야 한다네.

7:51 남들이 무의미한 일로 인생을 낭비하는데
　　　어떻게 우리가 가만히 앉아 있을 수 있으며,
　　　자만 때문에 그렇게 방관하는 것이라면
　　　그런 자만은 없애버리는 것이 더 낫다네.

　　　ㄴ. 능력의 자신감　ㄱ) 자신감의 작용
7:52 죽어가는 뱀을 보면
　　　까마귀도 금시조처럼 공격하듯
　　　만약 우리의 자신감이 떨어지면
　　　작은 어려움도 우리를 괴롭힐 수 있다네.

7:53 자신감을 잃고 정진하지 않으면
우리는 쉽게 어려움을 겪게 되지만,
그러나 자신감을 가지고 정진하면
우리는 어떤 장애도 극복할 수 있다네.

7:54 그러므로 확고부동한 마음으로
우리는 어려움을 이겨내야 하나니
자신은 계를 범하고 지키지도 못하면서
삼계를 조복받으려 하면 웃음거리만 될 것이네.

ㄴ) 마땅히 자신감을 가져라

7:55 우리는 모든 것을 정복하고
어떤 것에도 정복당해서는 안 되나니,
위대한 정복자 부처님의 후예답게
우리는 언제나 자신감을 가져야 한다네.

ㄷ) 아만심을 제거하라

7:56 자만의 지배 밑에 놓여있는 이들은
번뇌의 지배 밑에 놓여있는 것이니,
그런 사람은 자만이란 번뇌에 굴복했으나
자신감이 있는 사람은 그렇지 않다네.

7:57 마음이 아만으로 부풀어 오른 사람들은
악도에 태어나나니,
이들은 나중에 인간으로 다시 태어나더라도
노예가 되어 남들의 음식을 먹게 된다네.

7:58 이들은 어리석고, 보기 흉하고, 힘이 없어
어딜 가나 사람들에게 멸시당하나니,
아만으로 가득 찬 잘난 척하는 사람들
누가 이들보다 더 불쌍하겠는가.

ㄹ) 자신감의 이익

7:59 자신감을 개발하여 아만이라는 적을 정복하는
이들은 진정한 승리자이고 영웅이니,
아만과 같은 번뇌를 정복하면 중생들에게
행복과 깨달음의 열매를 줄 수 있다네.

ㄷ. 미혹을 끊을 자신감

7:60 수많은 번뇌 가운데 서 있더라도
여러 가지 방법으로 싸우면서
여우떼 가운데 서 있는 사자처럼
번뇌의 떼에게 굴복하지 말아야 한다네.

7:61 〔신체적으로 해를 입을〕 위험한 상황을 만나면
사람들이 자신의 눈을 보호하듯이
〔정신적으로 해를 입을〕 번뇌를 만나면
우리는 우리의 마음을 보호해야 한다네.

7:62 나는 불에 타서 죽게 되거나 머리가 잘려나가는
한이 있더라도 결코 번뇌라는 적에게는
굽실거리며 복종하지 않으리라.
더불어 일체 모든 상황에서도
이치에 맞지 않는 일은 하지 않으리라.

다. 歡喜力　가) 선업을 짓는 기쁨

7:63 우리는 기쁨을 얻기 위해 어떤 일을 하지만
기쁨을 얻으리라는 보장은 없다네.
그러나 그 일에 대해 열정을 가지게 되면
그 일이 싫지 않고 즐거워지게 된다네.

나) 善果를 사유하는 기쁨

7:64 결과가 행복일지 고통일지 몰라도
중생들은 자신들의 행복을 위해 노력하지만,
불법수행의 결과는 행복이 확실한데
어째서 우리가 행복을 얻지 못하겠는가.

7:65 욕망의 대상은 칼날에 발린 꿀처럼
진정한 행복을 주지 못하지만
불법수행으로 쌓은 공덕은
영원한 행복을 가져온다네.

다) 환희의 정황

7:66 한낮의 더위에 지친 코끼리가
시원한 물 속에 뛰어들 듯이
번뇌의 불길에 지친 우리도
수행의 물에 뛰어들어야 한다네.

라. 놓는 힘(放捨力)

7:67 힘이 다했을 때는 잠시 하던 수행을
중단했다가 나중에 다시 하고,
잘 끝낸 수행은 내버려두고
다른 수행으로 넘어가는 게 좋으리라.

2) 正知와 正念의 힘으로 행한다

7:68 노련한 병사가 싸움터에서 적의 칼을 피하듯,
번뇌의 칼을 피하고 방편으로 극복해야 한다네.

7:69 병사가 싸우다가 칼을 떨어뜨리면, 적의 공격이
두려워 재빨리 다시 잡듯, 억념이란 칼을 놓치면
지옥의 고통을 생각해 재빨리 다시 잡아야 한다네.

7:70 독이 일단 혈관에 도달하면 온몸에 퍼지듯이
번뇌도 기회를 잡으면 온 마음에 퍼진다네.

7:71 한 방울이라도 떨어뜨리면 죽인다고
칼을 들고 위협하는 사람 앞에서
기름이 가득 찬 항아리를 옮기는 사람처럼
수행자는 언제나 그렇게 집중해야 한다네.

7:72 **뱀이 무릎에 기어오르면
우리가 펄쩍 뛰어 일어나듯
졸음과 게으름이 찾아오면
우리는 즉시 물리쳐야 한다네.**

7:73 **번뇌와 같은 허물이 일어날 때마다
호되게 자신을 꾸짖고
다시는 그런 일이 일어나지 않도록
몇 번이고 숙고하고 다짐해야 한다네.**

7:74 **이런 식으로 언제 어디서나
억념을 익히면 익숙해지게 되는 것처럼,
이 원인으로 스승과의 만남과
바른 수행을 구해야 한다네.**

3) 輕安行을 짓는다

7:75 이 모든 수행을 할 힘이 있는지
확실히 하기 위해, 시작하기 전에
불방일에 관한 가르침을 상기하여
몸과 마음이 유연하게 수행에 임해야 한다네.

7:76 솜털이 바람의 힘을 받아
이리저리 움직이듯
정진하는 기쁨의 활력을 받으면
우리는 모든 것을 성취할 수 있다네.

『입보살행론』에서 「정진바라밀」이라고 하는 제7장이다.

제8장 선정바라밀

입보살행론

지복에 이르는 보살의 길

제8장 선정바라밀

Ⅰ. 사마타(止)를 닦음에 힘쓸 것을 권한다

8:1 이와 같이 정진을 일으킨 뒤에
선정을 개발해야 하나니
마음이 산란한 사람은
번뇌의 어금니 가운데 있는 것과
같기 때문이라네.

8:2 몸과 마음이 고요하게 되면
마음의 산란이 일어나지 않으므로
수행자는 세속의 삶을 떠나고
산만한 생각도 떠나야 한다네.

Ⅱ. 역연의 요소를 끊어 멈춘다
1. 塵緣을 끊어 버린다   1) 탐착이 세간의 원인이라고 명확히 안다

8:3 재물과 같은 것에 대한 애착 때문에
사람들은 세속을 버리지 못하는데
이런 장애들을 버리기 위해
다음과 같이 명상해야 한다네.

2) 어떻게 끊어 없애는가   (1) 대치를 명확히 안다

8:4 마음의 안정(止)을 완전히 갖춘 통찰(觀)에 의해서만
번뇌를 완전히 끊을 수 있다는 것을 명확히 알고
먼저 마음의 안정(止)을 얻도록 노력하며
세속에 대한 집착을 여의어야
기쁜 마음을 성취할 수 있다네.

(2) 대치하는 방법을 낸다   가. 친한 이에 대한 탐착을 끊는다
가) 친한 이에 대한 탐착의 과환을 생각한다

8:5 모두가 덧없이 지나가는지라
수천 번 다시 태어나도
사랑하는 이와 만날 수도 없는데
남에게 집착하여 무엇하리오.

8:6 보고 싶은 이 못 보면 괴로워
　　선정을 얻지 못하고
　　보고 나면 다시 보고 싶어
　　선정을 얻지 못한다네.

8:7 사랑하는 사람에 대한 애착과
　　만나지 못하는 슬픔 때문에
　　공성의 진리도 파악하지 못하고
　　윤회에 대한 염리심도 잃게 된다네.

8:8 님에 대한 생각에 빠져 있는 동안
　　인생은 너무도 빨리 헛되이 지나가고
　　덧없는 한 사람 때문에
　　영원한 해탈을 주는 불법도 잃어 버리네.

8:9 어리석은 사람들처럼 행동하면
반드시 악도에 떨어지는데
어리석은 이들과 사귀는 것이
무슨 의미가 있는가.

8:10 한순간에 친구가 되었다가
다음 순간엔 적이 되고
즐거워해야 할 때도 화를 내니
사람들이란 만족시키기 참으로 어렵다네.

8:11 그들은 좋은 충고를 해줘도 화를 내고
남도 좋은 충고를 따르지 못하게 하며
자기들 말을 듣지 않으면 화를 내니
그들은 악도를 면치 못하리라.

8:12 높은 사람들은 질투로, 동등하면 경쟁으로
낮으면 오만으로, 칭찬은 우쭐댐으로
비판은 적대감으로 대하니
범부로부터 무슨 이득을 얻을 수 있겠는가.

8:13 어리석은 이들과 교제하게 되면
자신은 칭찬하고 남들은 비방하며
세속의 쾌락에 대한 얘기나 하니
온갖 악행만 하게 된다네.

8:14 이렇게 어리석은 이들과 교제하면
허망할 뿐이니
그도 나를 이롭게 하지 못하며
나 역시 그를 이롭게 하지 못한다네.

나) 버리고 여의는 방식

8:15 그러므로 어리석은 이와는 멀리 떠나고
혹시 오가다 만나게 되면
의례적인 인사나 하고
가까이 사귀지 말아야 하리라.

8:16 꿀벌이 꽃에서 꿀을 얻고 돌아가듯이
수행에 필요한 것을 얻은 뒤에는
아무데도 집착하지 말고 미련 없이
돌아와 혼자 머물러야 하리라.

나. 이익과 공경을 탐하는 것을 끊는다

8:17 나는 재물과 명예가 많아 사람들로부터
사랑을 받고 있다고 생각하며
자만심을 갖게 되면
죽은 뒤에 무서운 고통만 겪게 된다네.

8:18 무지하고 완전히 미혹해진 마음으로
애착이 가는 것을 모으게 되면
천 갈래로 얽히고설켜
모은 것들 수의 수천 배의 고통을 겪게 된다네.

8:19 그러므로 현명한 이들은 애착하지 않나니
애착에서 온갖 두려움과 괴로움이
생기기 때문이라네.
이들의 본성은 사라지고 마는 것이니
확고하고 분명하게 이해해야 하리라.

8:20 많은 재물을 얻고
명성과 명예를 얻어
재물과 명성을 아무리 모으더라도
어느 것에도 욕망의 확실함이란 없다네.

8:21 나를 비난하는 다른 이가 있는데
칭찬에 내가 좋아할 일이 무엇인가.
나를 칭찬하는 다른 이가 있는데
비난에 내가 싫어할 일은 무엇인가.

다. 결론 - 塵緣을 버리기를 권한다

8:22 세상 사람들이 원하는 것은 많고도 많아
부처님들조차 다 들어주실 수 없는데
나처럼 부족한 이는 말해서 무엇하리오.
그러므로 세간을 향한 생각을 버려야 하리라.

8:23 사람들은 재물을 가진 이도 비난하고
못 가진 이도 경멸하는데
그렇게 기쁨을 모르는 이들과 함께 한들
무슨 기쁨을 얻을 수 있겠는가.

8:24 범부는 자신에게 유익한 것이 없으면
좋아하는 마음을 내지 않기 때문에
'어리석은 이들과 친하지 말라'고
부처님께서 말씀하셨다네.

(3) 적정처에 거하는 이익을 사유한다
가. 도반이 수승하다

8:25 나는 언제 숲 속으로 들어가
새들과 나무들과 함께 살 수 있을까?
함께 있기만 해도 기쁜 그들과
언제나 함께 머물 수 있게 하소서.

나. 주처가 수승하다

8:26 동굴이나 비어있는 절이나
나무 밑에 가서
뒤도 돌아보지 않고
집착 없이 살 수 있게 하소서.

8:27 아무도 '내 것'이라 주장하지 않는
시원스레 열려있는 넓은 곳에서
아무 집착 없이 자유롭게
언제나 거기에 머물게 하소서.

다. 자생이 수승하다

8:28 발우 한 개, 아무도 원치 않을
옷 같은 몇 가지 물건만 가지고,
두려움 없이 '나 자신'이나 '내 것'에도
집착하지 않고 살게 하소서.

라. 厭離가 수승하다 가) 몸에 대한 탐착을 버리기 쉽다

8:29 그리고 공동묘지에 가서 보면
내 몸도 시체나 다름없이
시시각각 썩어가고 있다는
내 몸의 무상에 대해 명상할 수 있으리라.

8:30 내가 죽어 이 몸이 썩으면서
고약한 냄새를 풍기면
이리나 늑대도 가까이 오지 않을 만큼
그렇게 되리라.

나) 친한 이에 대한 탐착을 버리기 쉽다

8:31 우리의 몸도 하나의 덩어리로 태어났지만
결국 뼈와 살이 모두 분리되는데,
친하던 이나 다른 이에 대해서는
말할 것도 없으리라.

8:32 태어날 때 홀로 태어나듯이
죽을 때도 홀로 죽나니,
아무도 우리의 고통을 대신 받아줄 수 없는데
우리가 사랑하는 이들이 무슨 소용 있으리오.

8:33 여행하는 사람들이
하룻밤 묵고 가는 숙소에 집착하지 않듯이
나도 이번 생에 묵고 가는
이 몸에 집착하지 않으리라.

마. 攝心하기가 수승하다

8:34 사람들이 나의 죽음을 슬퍼하고
관을 메고 가는 네 사람이
이 몸을 옮기기 전에(=죽기 전에)
나는 고요한 적정처의 숲으로 들어가리라.

8:35 친한 이도 미워하는 이도 없이
나 홀로 조용히 적정처에 머무르면서
이미 죽은 사람처럼 여긴다면
죽어도 슬퍼할 이 아무도 없으리라.

8:36 적정처에 그렇게 혼자 머물면
내 죽음을 슬퍼하거나
방해할 사람도 없을 것이니
나는 부처님과 다르마만을 생각할 수 있으리라.

바. 결론 - 아란야처에 머물기를 권한다

8:37 언제나 조용하고 평화로운 적정처에
걱정 없이 기쁜 마음으로 머물면서
단지 홀로 고요히
모든 마음의 산란을 가라앉히기 위해 노력하리라.

2. 邪念을 끊어 버린다 1) 五塵欲을 여의기를 권한다

8:38 다른 모든 욕망을 버리고
오로지 보리심에 의지하여
마음을 길들이고
선정을 얻기 위해 정진하리라.

(1) 총설 - 오욕의 과환

8:39 금생에서나 내생에서나
애욕은 고통을 낳는 법이라
금생에서는 상해, 투옥, 죽음을
그리고 내생에서는 악도의 고통을 낳는다네.

(2) 별설 - 몸의 부정함을 관한다
가. 한림을 의지하며 몸의 부정함을 사유한다

8:40 애욕의 대상을 구하기 위해
중매쟁이를 보내어 온갖 간청을 하면서
명예도 아랑곳하지 않고
온갖 악행을 다 저지르네.

8:41 위험도 무릅쓰고
재산까지 탕진하며
그대가 그토록 껴안고 싶어하는
이들 육체의 본질은 무엇인가?

8:42 사실 그것은 살덩어리 해골일 뿐
자아도 실체도 없는 것인데
어찌하여 그것은 지독히 갈구하고 집착하면서
지복의 열반에는 가려 하지 않는가.

8:43 처음에는 그녀가 얼굴을 들도록 애써도
부끄러운 듯 고개를 숙였고
누군가에 보이든 보이지 않든
천으로 얼굴을 가리고 있었네.

8:44 그대를 미혹하게 하던 그 얼굴이
눈 앞에 있는 그대로
독수리가 뜯어먹고 있는 것을 보고
그대여! 지금은 어찌하여 달아나려 하는가.

8:45 누가 훔쳐보기라도 할까봐
그토록 열심히 지키던 저 얼굴을
이제 독수리가 쪼아 먹으려 하는데
어째서 달려들어 보호하지 않는가?

8:46 머지않아 이렇게 새들의
먹이로 전락할 이 고깃 덩어리를
꽃과 전단향과 보석으로 장식하며
어째서 그토록 애착을 갖는가?

8:47 뼈와 살덩어리에 불과하지만
우리는 시체를 보면 무서워하면서
같은 뼈와 살덩어리인데도
살아 돌아다닐 때는 왜 무서워하지 않는가?

8:48 살아있는 몸이나 죽은 몸이나
다 뼈와 살덩어리일 뿐인데
왜 산 몸에는 애착을 갖고
죽은 몸에는 애착을 갖지 않는가?

나. 현실에 배합하여 몸의 부정함을 사유한다.

8:49 침도 오줌도 우리가 먹는
같은 음식물에서 만들어지는데
어째서 입맞춤을 할 때 침은 좋아하면서
오줌은 싫어하는가.

8:50 여자의 몸은 촉감이
부드럽다고 좋아하면서
고약한 냄새도 내뿜지 않는
부드러운 솜 베개는 왜 좋아하지 않는가.

8:51 애욕에 눈이 멀어 무엇이 깨끗하고
무엇이 깨끗하지 않은지도 분간하지 못하니
잠잘 때 베개가 불편하면 화를 내면서도
깨끗하지 않은 살덩이 곁에서
자는 것은 불평하지 않네.

8:52 그대가 정녕 더러운 것을 사랑하지 않는다면
뼈마디를 힘줄로 묶고 그 위에 살이라는 흙을
발라놓은 이 더러운 몸뚱이를
어떻게 무릎 위에 올려놓고 포옹할 수 있는가?

8:53 그대 자신의 불결한 것들을
처리하는 데에도 항상 바쁜데
어째서 다른 오물자루까지
탐을 낸단 말인가?

8:54 그대는 살덩이를 좋아하기 때문에
그것을 보고 만지고 싶어 한다는데
의식이 없는 본래 상태로 돌아간 살덩이를
그대는 왜 탐하지 않는가.

8:55 그대가 사랑하는 사람의
마음은 볼 수도 만질 수도 없고
볼 수 있거나 만질 수 있는 것은 마음이 아닌데
어째서 쓸데없이 살덩이를 포옹하는가?

8:56 남의 몸이 불결하다는 것을 모르는 것은
그렇게 놀라운 일이 아니지만
자신의 몸이 불결하다는 것을 모르는 것은
정말 놀라운 일이네.

8:57 정녕 그대의 관심사가 아름다운 형체라면
구름 한 점 없이 맑은 날 갓 피어난
연꽃 같은 아름다운 것은 놔두고
오물자루일 뿐인 남의 몸만 탐내는가?

8:58 토해낸 오물로 덮여 있는 곳은
만지고 싶어하지 않으면서
이런 오물을 토해내는
몸뚱이는 어째서 만지고 싶어 하는가?

8:59 불결한 것을 좋아하지 않는다면서
불결한 밭에서 생겨났으며
그의 씨앗에서 그렇게 생겨난
남의 몸은 왜 포옹하는가?

8:60 그대는 부정한 것에서 생긴 것은
작은 벌레조차 좋아하지 않는다면서
많은 부정한 성질의 것으로 되어
부정한 것을 내고 있는 몸은 왜 탐내는가.

8:61 그대는 그대 몸의 불결에 대해
혐오감을 느끼지 않을 뿐만 아니라
불결한 것에 대한 애착 때문에
다른 오물자루까지 탐하고 있네.

8:62 깨끗한 약초(樟腦)와
잘 익힌 쌀밥이나 야채도
입에 넣었다가 뱉어내면
땅을 더럽힌다네.

8:63 육체의 불결이 이렇게 명백하지만
그대 아직도 믿지 못하겠다면
송장터에 가서 거기 버려져 있는
더러운 시체들을 살펴보라.

8:64 피부를 벗겨내면
그렇게 혐오스럽다는 것을
분명히 보고나서도
어떻게 그런 몸에 매력을 느낄 수 있는가.

다. 결론 - 탐착과 집착을 없애기를 권한다

8:65 사람의 몸의 향기는
그 사람 자신의 것이 아니라
전단향 같은 외부의 것인데,
어째서 그 몸에 매력을 느끼는가?

8:66 고약한 냄새를 내뿜는 것은
탐내지 않는 것이 좋을 텐데
어째서 이 무가치한 것을 좋아하여
거기에 향수를 바르는가?

8:67 그러나 전단의 좋은 향기가 있다 하더라도
이 몸에서야 어떻게 생길 수 있겠는가.
전단향이 아닌 다른 악취가 날 뿐인데
어째서 이 몸뚱이에 집착하는가.

8:68 긴 머리털과 손발톱
입에서 고약한 악취가 나고
시궁창 같은 냄새가 밴 것이 몸의 실체라면
사람의 몸은 정말 혐오스러운 것 아닌가.

8:69 몸을 치장하려 그렇게 애쓰는 것은
나중에 자기 자신을 해치기 위해
사용될 칼을 가는 거나 다름없는데
사람들은 겉만 꾸미느라 정신이 없다네.

8:70 단지 해골만 보고서도
공동묘지를 혐오한다면
움직이는 해골로 가득한
마을이라는 묘지는 왜 좋아하는가.

(3) 탐욕의 손실을 메울 수 없음을 사유한다
가. 전체적으로 말한다

8:71 게다가 이와 같이 부정한 몸이라도
대가 없이는 얻을 수가 없나니
그것을 얻기 위한 대가가 금생에는 피로요
내생에서는 지옥의 고통이라네.

나. 개별적으로 밝힌다 가) 구하는 것을 얻기 어렵다

8:72 젊을 땐 신부 살 능력이 없으니
무슨 기쁨 있겠으며
재물을 모았을 땐 너무 늙었으니
어떻게 애욕을 충족시킬 수 있겠는가.

8:73 어떤 이들은 애욕 때문에
하루 종일 노예처럼 일하고
저녁 때 집에 돌아오면
지쳐 시체처럼 쓰러져 잠에 빠진다네.

8:74 어떤 이들은 타향살이로
사랑하는 아내와 자식들과도 헤어져
아무리 보고 싶어도
여러 해 동안 보지 못한다네.

8:75 **관능적인 욕망에 눈이 멀어
어떤 이들은 자신을 팔지만
원하는 것은 얻지 못하고
남 위해 일하느라 일생을 보내고 있다네.**

나) 이익은 적고 손해는 많다

8:76 **어떤 이들은 자신을 팔아
남들의 노예가 되지만
여전히 가난하여 집도 없이
아내는 숲 속 나무 밑에서 출산한다네.**

8:77 **어떤 이들은 생계비를 벌겠다고
위험을 무릅쓰고 전쟁터에 나가고
어떤 이들은 이윤을 얻기 위해
자기 자신을 노예로 만드네.**

8:78 어떤 이들은 애욕 때문에
도둑질 같은 짓을 하다 붙잡혀
사지를 잘리거나 화살을 맞거나
창에 찔리거나 화형을 당하네.

다) 暇滿을 등지고 해탈을 막는다

8:79 재물은 끝없는 골치 덩어리
모아 지키기 어렵고, 잃으면 괴로우니
재물을 탐내는 이들은
윤회의 고통에서 벗어날 수 없다네.

8:80 원하는 것이 많으면
고통은 많으나 즐거움은 적은 법이라
소가 종일 수레를 끌고
풀 몇 입 얻어먹는 것과 같다네.

8:81 짐승들도 쉽게 얻을 수 있는
그 하찮은 즐거움을 위해
사람들은 이렇게 얻기 어려운
인생의 여가와 여건[暇滿]을 낭비하고 있네.

8:82 우리가 탐내는 모든 것은 결국에는 사라지고
우리는 악도에 떨어진다네.
의미 없는 이 세상의 쾌락을 위해
무시이래 겪어온 고난을 생각해 보라.

8:83 그런 고난의 백만분의 일만 있어도
우리는 부처님의 자리에 오를 수 있었을 것이네.
중생들은 깨달음의 길을 가는 사람들보다
고통은 더 많이 겪지만 깨달음을 얻지는 못하네.

(4) 결론 - 오욕의 과환을 보인다

8:84 우리가 애욕의 과보로 얻게 되는
지옥의 고통에 비하면
무기나 독약, 낭떠러지나 적과 같은 것이 주는
이 세상의 고통은 아무것도 아니라네.

2) 아란야의 즐거움을 권한다

8:85 이제 애욕엔 염리심을 갖고
모든 다툼과 갈등이 없는
평화로운 숲 속에서
고요한 곳 적정처를 찾아 혼자 머물리라.

8:86 꽃향기 가득한 시원한 달빛 아래
궁전처럼 넓은 바위 위에서
솔솔 부는 산들바람 맞으며
중생들을 이롭게 할 생각에 잠겨 소요하리라.

8:87 동굴 안이나 나무 밑, 빈집에서
원하는 동안 살리라.
재물에 대한 애착 버렸으니
이젠 걱정 없이 한가로이 지낼 수 있으리라.

8:88 욕심 없이 자유롭게,
어떤 관계에도 얽매이지 않고
만족의 즐거움 속에 행복하게 살아가니
인드라 신들마저도 부러워하리라.

Ⅲ. 어떻게 사마타를 닦는가
1. 간략히 말한다

8:89 이런 식으로 적정처에 홀로 머무는
이점들에 대해 생각하며,
모든 마음의 산란을 완전히 없애버리고
보리심을 수행해야 한다네.

2. 널리 말한다 1) 자타를 평등이 관하는 수행법
 (1) 자타를 평등이 관하는 심리의 근거

8:90 먼저 나와 남이 같다는 평등성을 명상해야 하나니,
누구든 모두 행복을 원하고
고통을 싫어한다는 점에서 같으므로
자기 자신을 보호하듯 남들을 보호해야 하리라.

8:91 우리 몸에는 팔다리와 같은 여러 부분이 있지만
이들 모두가 우리가 보호해야 할 하나의 몸이듯이,
세상에는 많은 다른 사람들이 있지만
모두가 자기 자신처럼 보호해야 할 한 사람이라네.

(2) 자타를 평등이 관하는 사유 방식
 가. 자타를 평등이 관할 수 없다는 설을 논파한다

8:92 내가 겪는 고통이 남들에게
고통을 주는 것은 아니지만,
나는 나 자신을 귀하게 여기므로
나의 고통을 견디기 어려워 한다네.

8:93 마찬가지로 내가 남들의 고통을
그들과 똑같이 겪는 것은 아니지만
내가 그들을 귀하게 여기기에
그들의 고통을 나는 견디기 어렵다네.

나. 자타를 평등히 관하는 것이 성립하는 이유
가) 널리 설한다

8:94 그러므로 나는 남들의 고통을 없애야 하리니
그것은 나 자신의 고통이나 다름없기 때문이며
나는 남들에게 행복을 주어야 하리니
그들도 나와 똑같은 사람들이기 때문이라네.

8:95 나와 남이 모두 행복을
바란다는 점에서 같은데
우리들을 차별할 무슨 차이가 있다고
나는 나만의 행복을 추구해야 하는가?

8:96 나와 남이 모두 불행을
원치 않는다는 점에서 같은데
우리들을 차별할 무슨 차이가 있다고
나는 나만을 보호해야 하는가?

8:97 남들의 고통이 나에게 고통을 주지 않는다고
그들을 보호해주지 않으면서
그것이 현재의 '나'에게 고통을 주지 않는데.
어째서 '나'의 미래의 고통으로부터
나를 보호하려고 하는가?

8:98 지금 이 순간의 '나'는 죽고
나중에는 다른 '나'가 태어나는 것이므로
같은 '나'가 그 미래의 고통을 겪는다고
생각하는 것은 전도된 망분별이라네.

8:99 고통을 겪는 본인이
자신의 고통을 막아야 한다면
발의 고통은 손의 고통이 아닌데
어째서 손이 그것을 막아야 하는가.

8:100 이런 행동이 부적절하지만
자기 집착 때문에 일어난다면
자신의 것과 남의 것을 구별하는 것도 불합리하므로
우리는 최선을 다해 그것을 버려야 한다네.

8:101 의식의 상속과 오온은 실과 알이라는
부분들이 모여서 이루는 염주와 같이
실제로 존재하는 것이 아니나니,
고통을 겪는 주체가 없는데
그 고통이 누구에게 속하겠는가.

나) 結義

8:102 그리고 만일 고통을 겪는 주체가 없다면
나의 고통과 남의 고통이 어떻게 다르겠는가.
고통은 어디까지나 고통일 뿐이므로
구별하지 말고 우리는 모든 고통을 없애야 한다네.

8:103 그러니 모든 사람의 고통을 없애야 한다는 데 대해서는
더 이상 얘기할 필요가 없나니
나 자신을 해방시키는 것은 모두를 해방시키는 것이고
반대로 남들이 고통받으면 나도 고통받는 것이라네.

다) 논쟁을 끊는다

8:104 자비심이 그렇게 많은 고통을 가져오는데
어째서 자비심을 일으키려고 노력해야 하냐고
하지만, 세상 사람들이 겪는 한량없는
고통에 비한다면 자비심으로 겪는 고통이
어떻게 많다 할 수 있으리오.

8:105 자비심에 의한 하나의 고통에 의해
중생의 많은 고통을 없앨 수 있다면
자비심을 가지는 이 고통을
자신과 타인의 모두를 위해 일으켜야 하리라.

8:106 그래서 선화월(善花月) 보살은
왕이 자기를 해칠 것을 알면서도
많은 사람들이 고통을 면하도록 하려고
자신의 고통을 피하려 하지 않았다네.

(3) 자타를 평등히 관하는 이익
8:107 이렇게 마음을 닦음에 익숙해지면
다른 이들의 고통을 없애 주기 위해
백조가 연꽃호수에 즐겁게 뛰어드는 것처럼
기꺼이 무간지옥이라도 뛰어 들어가리라.

8:108 모든 중생들이 해탈하면
바다 같은 기쁨이 일어날 텐데
그 이상 무엇을 얻겠다고
자기 자신만의 해탈을 바라겠는가.

8:109 다른 이들의 행복을 위해 일하더라도
교만하거나 잘난 척하지 말아야 하리니
다른 이들의 행복 자체가 자신의 행복인데
무엇을 더 기대하랴.

(4) 결론 – 자타를 평등히 관하기를 권한다

8:110 따라서 아무리 작은 불쾌한 것에도
자기 자신을 보호하듯이
그렇게 자비심을 갖고
다른 이를 보호해야 한다네.

2) 자타교환의 수행법 (1) 교환 수행의 可行性

8:111 다른 두 사람의 정혈이 합쳐져
만들어낸 이 몸에 '나'가
실제로 존재하지 않는데도
우리는 존재하는 것처럼 생각한다네.

8:112 그렇다면 어째서 남의 몸을
'나'라고 부르지 못하고
반대로 나의 몸을
'남'이라고 생각하기 어려운가.

(2) 자타교환 수행의 이론 가. 간략히 보인다

8:113 자기 자신을 귀하게 여기는 단점과
남들을 귀하게 여기는 많은 장점을 알았으니
이젠 나를 귀하게 여기는 것을 버리고
남들을 귀하게 여기는 것을 익혀야 하리라.

나. 상세히 밝힌다 가) 다른 이를 자신처럼 보라

8:114 손과 발을 자기 몸의
일부라고 생각하듯이
모든 중생들을 한 덩어리의
일부라고 생각해야 하지 않겠는가.

8:115 '나'가 없는 이 몸에 대해서
습관을 통해 '나'라는 생각이 일어났듯이
중생들에 대해서도 습관을 통해
'나'라는 생각을 일으켜야 하지 않겠는가.

8:116 그러므로 남들을 위해 일을 할 때
자기가 자기 자신에게 먹여주면서
아무 보답도 기대하지 않듯이
교만하거나 잘난 척하지 말아야 한다네.

8:117 그러므로 자기 자신을
고통으로부터 보호하듯이
자비심을 갖고 남들도 고통으로부터
보호해주어야 한다네.

8:118 그래서 보호자이신 관세음보살께서는
대자 대비하신 마음으로
중생들이 윤회의 두려움을 다 없애도록 하기 위해
당신의 명호에도 가피를 내리신 것이라네.

8:119 어떤 수행이 어렵다고 우리는 물러서서는 안 되나니
수행의 힘으로 점점 익숙해지면
한때 무섭던 사람도
자꾸 보면 보고 싶어지는 것과 같다네.

8:120 자기 자신과 남들을
신속히 돕고 싶다고 생각한다면
'나와 남을 바꾸어 보기[자타상환]'라고 하는
성스러운 비밀을 수행해야 한다네.

나) 자신에 대한 애착을 없애라

8:121 자기 몸에 대한 집착 때문에
작은 위험에도 두려움이 생기나니,
두려움을 일으키게 하는 이 몸에 대한 집착을
무서운 적과 같이 싫어해야 한다네.

8:122 배고픔과 목마름, 질병을
해결하기 위해 우리는
새와 물고기 같은 동물을 죽이고
때로는 사람들까지 공격한다네.

8:123 어떤 이들은 자기 몸을 위해
자기 부모까지 살해하거나
삼보에 올린 공양물까지 훔치는데
그 결과로 그들은 무간지옥에 떨어진다네.

8:124 그러니 지혜로운 사람이라면 누군들
이 몸에 애착하여 보호하려 하겠으며
자신에게 그토록 위험한 적인데
누가 그것을 무시하고 경멸하지 않겠는가.

다) 자신을 애착하는 것과 타인을 사랑하는 것의 이익과 폐단
(가) 널리 설한다

8:125 "내가 이걸 주면, 내게 무엇이 남지?"
이것은 굶주린 귀신의 마음이고,
"내가 이걸 가지면, 남들에게 뭘 주지?"
이것은 깨달은 이들의 마음이라네.

8:126 자신을 위해 남을 해치면
나중에 지옥에서 고통받게 되지만
남들을 위해 자기가 해를 입으면
하는 일마다 원만히 성취하게 된다네.

8:127 자기 자신을 존중하게 되면
악도에 들어 못나고 어리석은 이가 되지만,
남들을 존중하게 되면
선취에 태어나고 존경과 지혜를 얻는다네.

8:128 자신을 위해 남들을 부리면
뒤에 자기가 부림을 당하게 되지만
남들을 위해 자신을 부리면
뒤에 군주 같은 경험을 하게 된다네.

(나) 結義

8:129 이 세상의 모든 행복은
남들의 행복을 바라는 데서 오고
이 세상의 모든 불행은
자신만의 행복을 바라는 데서 온다네.

8:130 더 이상 무슨 말이 필요하랴.
어리석은 이들은 자신만의 이익을 구하고
깨달은 이들은 남들을 위해 일하시나니,
이 둘의 차이를 잘 보라!

라) 교환하지 않는 과실
8:131 자신의 행복을
남들의 불행과 바꾸지 않으면
결코 부처님의 지위를 이룰 수 없을 뿐만 아니라
윤회의 세계에서도 안락을 얻을 수 없다네.

8:132 다음 생은 그만두고라도
금생에서의 소망도 이루어지지 않나니
하인이 해야 할 일을 하지 않는데
어떤 주인이 제대로 보상해 주겠는가.

8:133 남들을 귀하게 여기지 않으면
금생과 내생에서 행복을 얻을 수 없고
실제로 남들에게 해를 끼치면
자기 자신에게 견딜 수 없는 고통을 가져온다네.

마) 결론 - 서로 바꾸는 것이 필요하다
8:134 이 세상의 모든 재난과
두려움과 고통은
자기 집착에서 나오는데
이 큰 악마가 나에게 무슨 도움이 되겠는가.

8:135 자아를 완전히 버리지 않으면
고통은 피할 수가 없나니
불을 피하지 않으면
불에 타는 것을 피할 수 없는 것과 같다네.

8:136 그러므로 자신의 고통을 없애고
남들의 고통도 없애려면
자기 자신을 남들에게 주어버리고
그들을 자기 자신처럼 귀하게 여겨야 한다네.

바) 자타를 교환하는 원칙

8:137 '나는 이제 남들의 지배 밑에 있다.' 라고 마음이여,
그대는 분명히 알아야 하나니
지금부터 그대는 아무 생각도 하지 말고
모든 중생들의 이익을 위하는 것만 생각해야 하리라.

8:138 이제 다른 이의 것으로 된 눈 등으로
자신의 이익을 이루려는 것은 부당하나니
나는 나 자신을 위해서는
그것들을 사용하지 말아야 하고
남들의 행복에 해가 되게 사용하지도 말아야 하리라.

8:139 그러므로 중생을 주인이라고 생각할지니
자신에게 필요하다고 생각하는
모든 것을 동원하여 자신이 아닌
남들을 위해 사용해야 하리라.

(3) 자타 교환 수행 방식을 사유한다 가. 간략히 말한다

8:140 나 자신보다 더 낮거나 높거나 동등한
모든 사람들을 나 자신이라 생각하고
나 자신을 남이라 생각하며, 자타의 망분별 없이
시기·교만·경쟁심을 다스려야 하리라.

제8장 선정바라밀 · 255

나. 널리 밝힌다 가) 높은 이에 대한 질투를 닦는다

8:141 그는 존경받으나 나는 존경받지 못하고
그는 부유하나, 나는 가난하며
그는 칭찬받으나, 나는 비난받고
그는 행복하나 나는 불행하네.

8:142 나는 할 일이 많으나
그는 편안하게 쉬고 있으며
그의 명성은 온 세상에 자자한데
나는 부족한 공덕만 들리네.

8:143 공덕이 없는 자가 무엇을 할 수 있으랴.
그러나 나에게도 좋은 점이 있나니
그는 어떤 사람들보다 못하지만
나는 어떤 사람들보다 더 나은 것이 있다네.

8:144 나의 지계와 지혜가 후퇴한 것은
나의 뜻이 아니라 번뇌의 힘 때문이니
어떻게 해서든 내가 치료할 것이며
그것을 위해 난 어떤 고통도 기꺼이 받으리라.

8:145 그러나 나는 그가 보살필 대상이 아닌데
어째서 그는 나를 멸시하는가.
나에게 그의 공덕이 무슨 의미이며
내가 그의 공덕으로 무엇하랴.

8:146 악도라는 맹수의 입가에 있어도 중생들에 대한
자비심이 그에게는 없을 뿐만 아니라
자신의 좋은 점에 대해 교만하고
게다가 자신이 현자인 것처럼 보이기를 바라네.

나) 동등한 자에 대한 다툼을 닦는다

8:147 자신과 비교해서 그가 동등하다고 여겨질 때는
자신이 더 낫도록 하기 위해
자신의 재물과 존경을
논쟁에 의해서라도 반드시 얻으려고 하네.

8:148 나의 공덕은 온 세상에 알리고
모든 수단을 동원하여
그가 갖고 있는 좋은 점들은
아무도 알지 못하게 하고 싶어 하네.

8:149 나의 허물은 숨기고 그의 것은 알리고
나는 공양을 받아도 그는 못 받게 하고
나는 많은 재물을 획득하여 존경을 받고
그는 그렇게 되지 않기를 바라네.

8:150 마침내 사방으로부터
그가 조롱받고 비난받아
기가 꺾이는 것을 지켜보며
나는 기뻐하리라.

다) 낮은 자에 대한 자만을 닦는다

8:151 이 비참한 자가 감히
나와 함께 경쟁하자고 말하지만
그가 어찌 나의 배움이나 지혜
혈통이나 재물과 같을 수 있으랴.

8:152 아무쪼록 나의 좋은 점들이
모든 중생들에게 알려져서
그들이 모두 등골이 오싹해질 정도로
기쁨의 전율을 느끼길!

8:153 설사 그에게 재산이 있다 해도 강제로 빼앗고
그에게는 목숨을 이어가는데 필요한 만큼만 줘야 하리니
그는 나를 위해 일하기 때문이네.

8:154 나는 그의 행복을 빼앗고
끊임없이 그가 고통을 받게 하리니,

다. 결론으로, 실제로 서로 바꾸는 마음을 닦기를 권한다.
가) 닦지 않는 과실

그 때문에 우리는 모두 셀 수 없이
윤회의 고통을 겪어왔기 때문이네.

8:155 셀 수 없는 겁이 지나가는 동안
그대는 자신의 이익만 추구했네.
그러나 그대가 그토록 애를 썼지만
그대가 얻은 것은 고통뿐이었네.

나) 수행하는 이익

8:156 그러므로 그대 자신을 완전히 주어버리고
남들의 행복을 위해 일해야,
부처님의 가르침대로 무량한 행복을
누릴 수 있다는 것을 알아야 하네.

8:157 만일 그대가 과거에 이 가르침을
받아들여 실천했더라면
지금 그대는 부처님의 최고의 안락을
누리고 있을 것이네.

다) 결론 - 실제로 수행하기를 권한다

8:158 그대가 남의 정혈 방울을
그대 자신의 것처럼 생각하고 집착하듯이
이제 남들을 그대 자신이라고
생각하는 데도 익숙해져야 하리라.

(4) 실제로 자타교환을 수행하는 방식
가. 本身을 수행한다   가) 이익과 행복을 모두 다른 이에게 준다

8:159 그대 자신을 철저히 살펴보고
그대가 남들을 위해 일하는 지 확인하라.
무엇이든지 그대가 소유하고 있는 것을
이젠 그들에게 이익이 되게 사용하라.

8:160 나는 행복한데 남들은 불행하고
나는 지위가 높은데 남들은 낮고
나는 도움을 받는데 남들은 버림을 받으니
그런데도 나에 대해서는 왜 질투하지 않는가.

나) 낮추는 고통을 달게 여긴다

8:161 자신의 행복은 남들에게 주고
대신 자신은 그들의 고통을 떠맡아야 하네.
끊임없이 자신의 행동을 살펴서
허물이 있는지 알아야 하네.

8:162 남들이 어떤 잘못을 저지르면
자신이 그 책임을 떠맡고
자기가 작은 잘못이라도 저지르면
여러 사람들 앞에서 고백해야 하네.

8:163 남들의 명성은 더 멀리 퍼뜨려
자신의 명성보다 더 빛나게 하고
자기 자신을 하인으로 생각하여
모든 사람들을 위해 일해야 하네.

8:164 자기 자신은 허물로 가득 차 있으므로
좋은 점이 있다고 칭찬하지 말고
자신이 좋은 점을 갖고 있더라도
몇몇 사람들조차 모르게 해야 하네.

다) 結語

8:165 요약하면, 자신의 이익을 위해
그대가 다른 이에게 해를 끼쳤다면
그 해악은 중생들의 이익을 위해
자기 자신에게 옮겨와야 하리라.

8:166 거만하거나 독선적으로
행동하지 말고
새 신부처럼 겸손하고
수줍어하며 자제하도록 해야 하리라.

8:167 '이것을 해야 한다, 이와 같이 해야 한다.
그대는 이렇게 해서는 안 된다' 라고
이와 같이 엄격히 지배하면서, 만약
그렇게 하지 않으면 억념과 정지로 조복해야 하리라.

나. 그 나머지 보조적인 수행 - 벌주기
가) 自利心을 조복한다

8:168 **만일 그대가 지시받은 대로
행하지 않으면
마음이여, 그대가 나의 모든 불행의 원인이니
그대를 완전히 단멸되게 하리라.**

8:169 **그대가 나를 지배할 수 있었던
때는 지나가 버렸네.
이제 그대의 정체를 알았으니
그대의 자만심을 모두 부수어 버리리라.**

8:170 **이제 나 자신을 위해 일하겠다는
생각은 모두 물리치겠네.
이기적인 마음이여,
이제 그대를 남들에게 팔아 넘겼으니
상심하지 말고, 할 수 있는 힘을 다해 봉사하라.**

8:171 만일 내가 방일해서
그대를 남들에게 넘겨주지 않으면 그대는 틀림없이
나를 저 무서운 지옥의 옥졸들에게
던져 버릴 것은 너무도 분명하네.

8:172 과거에 그대가 너무도 자주 그렇게 하여
오랫동안 나는 고통을 겪었네.
그러나 이제 내 마음은 원한으로 가득 차
이기적인 그대를 쳐부수고야 말리라.

8:173 그러므로 내 자신이 행복하려면
항상 남들을 행복하게 만들고
내 자신을 보호하려면
항상 남들을 보호해야 하리라.

나) 자신의 몸을 탐착하는 것을 다스린다

8:174 우리가 육체의 욕망을
채우려 하면 할수록
그 욕망이 충족되지 않을 때에
우리는 불만을 얻게 된다네.

8:175 이기적인 마음의 욕망은
이 세상의 모든 재물로도
만족시킬 수 없는데
어떻게 그 욕망을 모두 충족시킬 수 있겠는가?

8:176 욕망이 충족되지 않으면
번뇌와 불만이 일어나지만
욕망이 없으면
불만도 일어나지 않는다네.

8:177 그러므로 우리는 육체적인 욕망이
증가하도록 결코 내버려둬서는 안 되네.
마음을 끄는 대상에 집착하지 않는 사람은
가장 좋은 소유물인 만족을 얻는다네.

8:178 우리의 몸은 몹시 불결한 형체이고
마음에 의지하지 않으면 움직이지도 못하며
결국에는 완전히 허물어질 텐데
어째서 그걸 '나'라 하여 집착하는가?

8:179 살아있건 죽었건
이 기계에 집착해 봤자 무슨 이득이 있는가?
이것은 흙덩어리나 다름없는데,
어째서 '나의 몸'이라는 아만을 버리지 않는가?

8:180 육체의 욕망을 보살펴 주느라
우리는 의미 없는 많은 고통을 겪었네.
도대체 나무토막이나 다름없는 것을 두고
화를 내거나 집착해 뭘 하겠는가?

8:181 내가 이렇게 돌보든
남들이 해치게 내버려 두든
육체 자체는 집착도 화도 모르는데
어째서 우리는 그토록 집착하는가.

8:182 육체는 모욕을 줘도 화낼 줄 모르고
칭찬해 줘도
기뻐할 줄 모르는데
어째서 우리는 그렇게 애를 쓰는가.

8:183 만일 자기 몸을 소중하게 여기는 것이
자기한테 매우 유익하기 때문이라면
모든 중생들도 우리에게 매우 유익한데
어째서 그들은 소중히 여기지 않는가?

8:184 그러므로 우리는 모든 집착에서 벗어나
모든 중생들을 위해 우리의 몸을 주어버려야 하네.
그러나 우리가 다른 사람들을 위해 일하는 동안은
허물은 많아도, 우리의 몸은 돌봐야 하네.

Ⅳ. 결론 - 삼매를 힘써 닦는다

8:185 그리하여 모든 어리석은 행동을 그만두고
현명한 보살의 길을 따라서
불방일에 관한 그들의 충고를 되새겨
잠과 혼침 같은 것을 쫓아버려야 하네.

8:186 승자이신 부처님의 자비로운 보살들처럼
온갖 어려움을 극복하고
밤낮으로 끊임없이 정진하지 않는다면
언제 우리의 고통이 끝이 나겠는가?

8:187 그러므로 두 가지 장애를 없애기 위해
마음을 항상 선정에 두고
모든 그릇된 길에서 벗어나서
올바른 명상의 대상에 집중해야 하네.

『입보살행론』에서, 「선정바라밀」이라 하는 제8장이다.

입보살행론

지복에 이르는 보살의 길

제9장
지혜바라밀

입보살행론
지복에 이르는 보살의 길

제9장 지혜바라밀

Ⅰ. 해탈을 구하는 자는 空性의 지혜가 필요하다.

9:1 이전에 부처님이 설하신 모든 방편의 수행들은
궁극적으로, 공성의 지혜를
개발하기 위한 것이니
공성을 깨닫는 지혜가 있어야
윤회의 고통으로부터 벗어날 수 있기 때문이라네.

Ⅱ. 공성의 지혜를 끌어내는 방편
 1. 二諦의 건립 1) 二諦

9:2 진리에는 두 가지가 있는데
세속적인 것[世俗諦]과 궁극적인 것[勝義諦]이라네.
궁극적인 진리는 범부의 의식(=意) 대상이 아니니
마음(=의식)은 세속제의 영역이기 때문이라네.

2) 二諦見의 층차

9:3 사람들을 두 종류로 구별해 보면
수행자(=中觀派)와 일반인(=實有論者)으로 되는데
일반인들의 견해가 그릇됨을
수행자들의 견해가 보여준다네.

9:4 깨달음의 차이 때문에
수행자들의 견해에도 차이가 있나니,

3) 二諦에 자성의 유무에 대한 논쟁을 끊는다
낮은 수행자들의 견해가 그릇됨을
더 높은 수행자들의 견해가 보여준다네.

9:5 일반인들은 현상을 보고, 그것이 실제로
존재하고 환영이 아니라고 생각하는데
이 점에서 일반인들과 수행자들의
견해는 일치하지 않는다네.

(1) 종합적으로 實有宗을 논파한다

9:6 **눈에 보이는 형상과 같은
직접적인 인식의 대상(=現量)이
일반인들은 실제로 존재한다고 생각하지만
그것은 불결한 것을 깨끗하다고 보는 것과
마찬가지로 그릇된 견해라네.**

9:7 **인연에 따라 생긴 현상이 무상하다고
부처님께서 설하신 것은, 그것이 궁극적으로는
존재하지 않는다는 것을 보여주시기 위해서이며
현상은 다만 세속적으로 존재할 뿐이라네.**

9:8 **일반인들은 눈에 보이는 것들이 영원하고
우리 몸이 깨끗하다고 믿고 있지만
깨달은 이들에 의하면, 모든 것은
무상하고 우리 몸의 본성은 부정한 것이라네.**

9:9 (반론) 어떻게 환영 같은 부처님께 공양을 올리는데,
실제의 부처님께 공양을 올리는 것처럼
공덕이 나오는가.
중생이 환영과 같다면 어떻게
그가 죽은 뒤에 다시 태어날 수 있는가 한다면

9:10 (중관) 조건들이 모여 있는 한
환영도 지속되는 것인데,
단지 오래 지속된다는 이유만으로, 어떻게
중생들이 실제로 존재한다고 볼 수 있는가.

9:11 (유식) '환영 같은 사람(=환인)은 죽여도
그것에는 마음(=의식)이 없으므로
죄가 되지 않는다' 라고 말한다면
(중관) 그와 반대로,

의식이 존재한다는 환영(착각)을
갖고 있으면 그에 따른 선과 악이
일어나는 것이라네.

9:12 마술에는 마음을 만들어낼
능력이 없기 때문에 마술사가 만든
여자 환영에게는 마음이 없다네.
그러나 환영은 다양한 원인 때문에 일어나고
환영의 종류도 다양하다네.

9:13 (유식) 윤회의 세계가 자연 상태의 열반이라면
중생들은 열반상태에 있는 것이고,
열반하신 부처님들도 윤회 속에 계실 텐데
부처가 되기 위한 수행이
무슨 의미가 있는가 라고 한다면

9:14 (중관) '자연 상태의 열반'은 부처님들이
이루시는 '실제의 열반'과 같지 않나니
윤회의 원인인 무명을 제거해야
열반이 가능한 것이며
원인을 제거해야 환영도 제거된다네.

9:15 윤회의 원인이 중단되면
그것은 세속적으로도 일어나지 않는다네.

(2) 별도로 唯識宗을 논파한다 가. 唯識無境을 논파한다

(유식) 모든 현상이 실제로 존재하지 않는다면
무슨 의식이 환영 같은 대상을 인식할 수
있는가 라고 한다면

9:16 (중관) 환영 같은 현상이 존재하지 않는다면
현상에 대한 인식자 같은 것도 존재할 수 없다네.

(유식) 현상은 마음 자체의 본성으로 존재하나
의식이 없으므로 마음 자체는 아니며,

9:17 의식에는 대상을 인식하는 양상과
의식 자체를 인식하는 양상이 있다고 한다면,

나. 自證分을 논파한다　가) 經으로 논파한다
(중관) 부처님께서 설하신 바에 의하면
마음은 마음 자체를 인식할 수 없다네.

9:18 칼이 스스로를 자를 수 없듯이
마음도 스스로를 보지 못한다네.

나) 이치로써 논파한다
(가) 자증분이 성립한다는 것을 논파하는 비유
(유식) 등불이 스스로를 비출 수 있듯이
마음도 스스로를 볼 수 있다고 한다면

9:19 (중관) 어둠이 스스로를 가릴 수 없듯이
등불은 스스로를 비출 수 없다네.
(유식) 수정과 달리, 청금석같이 푸른 것은
다른 것에 의존해서
푸르게 보이는 것이 아니며,

9:20 눈의 의식[眼識=시각]같은 것은 대상과 관련되어 있으나
마음은 대상과 관계없이 존재한다고 한다면
(중관) 청금석을 푸르게 만드는 것은
스스로가 아니라 다른 원인과 조건들이라네.

9:21 (유식) 등불이 스스로를
비추지 않는다는 것을 인정하지만,
그래도 그 본성은 비춤이라고 한다면
(중관) 마찬가지로
마음이 스스로를 알지 못하는데,
그렇다면 무엇이 마음을 인식하는가.

9:22 무엇이 마음을 인식하는지 모른다면
마음이 스스로를 아는지 모르는지 논의하는 것은
아이를 못 낳는 여자의 딸의 아름다움에 대해
얘기하는 것과 마찬가지로 무의미한 것이 아닌가.

(나) 自證分의 성립을 논파하는 논리
ㄱ. 자증분이 없어도 기억할 수 있다

9:23 (유식) 만일 마음이 스스로를 알지 못하면
어떻게 그것이 알고 있던 것을 기억하는가 한다면
(중관) 들쥐한테 물려 아플 때
그 독이 자기 몸에 들어온 것을 기억하듯이
기억은 다른 경험과 관련해서 일어나는 것이라네.

9:24 (유식) 어떤 사람들은 멀리 떨어져 있는
남들의 마음도 볼 수 있는데
어떻게 아주 가까이 있는
자신의 마음을 볼 수 없겠는가 라고 한다면

(중관) 마법의 안약을 바르면
땅속 깊이 묻혀있는 보물도
볼 수 있으나, 안약 자체는
볼 수 없는 거나 마찬가지라네.

ㄴ. 자증분이 없어도 깨달을 수 있다

9:25 우리의 목적은 시각이나 청각 같은 것을
부정하는 것이 아니고
그런 것이 실제로 존재한다는
생각(=분별)을 반박하는 것이니,
그 전도된 생각이 고통의 원인이기 때문이네.

9:26 (유식) 환영 같은 현상은 마음이 아닌
외부 대상도 아니고
마음 자체도 아니다고 한다면
(중관) 외부 대상의 존재를 주장하는 것
그리고 외부 대상과 의식의 존재를

주장하는 것은
둘 다 그릇된 견해라네.

9:27 의식의 대상이 환영과 같고 존재하지 않듯이
의식 자체도 환영과 같고
존재하지 않는 것이라네.
(유식) 만일 윤회하는 존재가 바탕을 가지고 있다면
그것은 마음과는 별개의 것이고
허공과 같이 완전히 비어있을 것이라 한다면,

9:28 (중관) 만일 윤회의 삶이 실제로 존재하는
기반을 갖고 있다면
어떻게 그런 세계에서
태어나고 벗어날 수 있겠는가.
왜냐하면 그대의 생각에 의하면
마음은 독립되어 있기 때문이네.

9:29 만일 마음이 독립적으로 존재한다면
모든 중생들은 부처님들일 것이니,
마음만이 존재한다[唯識]고 주장해봐야
무슨 이득이 있는가.

(3) 中觀宗이 공을 깨닫는다는 것이 소용없다는 논쟁을 파한다
가. 논쟁을 일으킨다.

9:30 (유식) 모든 것이 환영과 같다는 것을 깨닫는다고
어떻게 번뇌가 그치겠는가.
환영 같은 여자를 만들어 놓은 마술사에게서조차
그녀에 대한 욕정이 일어나지 않는가 라고 한다면

나. 답변 가) 幻師에게 탐욕이 생기는 원인

9:31 (중관) 그것은 그들이 그러한 대상을 탐내는
번뇌의 습기를 버리지 못했고
그 대상들이 실제로 존재하지 않는다[空性]고
보는 습성이 미약하기 때문이라네.

나) 공성을 수행하면 번뇌의 습을 끊을 수 있다

9:32 공성으로 보는 습관에 익숙해지면
실체가 존재한다고 보는 습관이 사라지고
모든 것은 실체가 없다는 견해를 익힘으로써
이 견해 자체(=공성에의 취착)도 나중에는 사라진다네.

9:33 (유식) 만일 아무것도 존재하지 않는다면
인식할 대상이 없다는 말인데
어떻게 기반이 없는 비존재가
마음 앞에 남아있을 수 있는가 라고 한다면

9:34 (중관) 마음 앞에 존재도 비존재도
남아있지 않을 때는 집착할 대상이 없으므로
그때 비로소 대상(=所緣)에 대한 구분이 사라지고
마음은 관념적인 활동이 없는
완전한 평정 속에 머물 수 있다네.

다) 번뇌를 끊으면 보리를 이룰 수 있다
(가) 비록 분별이 없지만 여러 가지 원을 만족시킨다

9:35 마치 여의주(如意珠)와 여의수(如意樹)가
관념적인 마음은 없지만 중생들의 소원을 이뤄주듯
부처님께서도 관념은 갖지 않고 계시지만
중생들을 위해 법륜을 굴리신다네.

9:36 예를 들면, 독을 제거하기 위해 치료사가 만들어
진언으로 봉헌해 놓은 나무 기둥(保護株, Stambha)이
만든 이는 오래 전에 세상을 떠났지만
아직도 독을 없애주듯이

9:37 보살이 공덕과 지혜를 쌓아
부처님이라는 기둥을 세워 놓고
열반하셔도 그는 계속해서 중생들의
소원을 이루어 주는 것과 같다네.

(나) 논쟁을 끊는다

9:38 (소승) 어떻게 모든 관념으로부터 해방된 분들께
공양을 올리는 것이 공덕을 낳을 수 있는가.
(중관) 경전에 의하면
부처님이 계시거나 열반하셨거나
그에게 올린 공양의 공덕은 똑같다고 하셨네.

9:39 경전에 의하면,
실제 부처님께 공양을 올리면 공덕을 얻듯이
믿음의 정도에 따라
부처님께서 인습적으로 계시든 궁극적으로 계시든
부처님께 공양을 올리면 공덕을 얻는다고 하셨네.

2. 단지 해탈만을 구하더라도 공성을 깨달아야 한다는 것을 밝힌다
1) 논쟁을 일으킨다

9:40 (소승) 네 가지 진리를 깨달으면 해탈을 얻을 수
있는데 뭣 때문에 이런 공관(空觀)이 필요한가.

2) 답변 (1) 공성의 지혜는 三有를 해탈하는 길이다
가. 대승경으로 증명한다 가) 반야경을 인용한다

(중관) 경전에 의하면 공을 깨닫지 못하면
성불은 그만두고 해탈도 할 수 없기 때문이라네.

나) 大乘이 佛說이라는 成立

9:41 (소승) 대승경전은
부처님의 말씀임이 확인되지 않았다고 한다면
(중관) 어떤 식으로 그대의 경전(=아함)은 확인되는가.
(소승) 그것은 우리들 쌍방에 의해 확인된다고 한다면
(중관) 처음부터 그것은 그대들을 위해
확인되지 않았다네.

9:42 그러므로 그대들이 소승을 받아들이는 기준을
대승에게도 똑같이 적응시켜야 하리니
만일 어떤 것을 다른 두 측이 공통적으로
인정하는 것이 기준이라면 베다와 같은 바라문의 경전도
불교경전으로 보아야 하리라.

9:43 만일 대승경전이 반박받기 때문에 배척한다면
그대들의 경전도 배척해야 하리니
그것이 외도들에게 반박당하고 있고
경전의 일부는 그대들 자신과 남들이
반박하고 있기 때문이네.

나. 이치로써의 성립
가) 공성의 지혜가 없으면 열반을 증득할 수 없다

9:44 대부분의 대승경전은 삼학의 모든 것을 가르치므로
마땅히 삼장 안에 포함시켜야 하나니
어째서 초전법륜의 가르침은 받아들이면서
제2법륜과 제3의 법륜은 받아들이지 않는가.

나) 만약 四諦十六行相의 도로써 해탈을 얻을 수 있다면,
곧 잠시 번뇌의 현행을 끊는 것으로도 또한 해탈을 얻을 것이다.

9:45 부처님께서는 모든 고통의 원인인 번뇌라는 질병을
치료하시기 위한 약으로 가르침을 펴셨다네.
그대가 더 높고 심오한 가르침을
이해하지 못한다고
부처님의 가르침을 가르침이 아니라는
결론을 내려서는 안 되리라.

9:46 가섭 존자는 부처님의 가르침 가운데
많은 것(대승경전, 주로 반야경)을 모으셨는데,
자신의 해탈만을 추구하는 비바사들은
반야경의 심오한 의미를 이해하지 못해서
부처님의 가르침이 아니라고 주장한다네.

9:47 불법의 주된 수지자는,
열반에 도달한 아라한이었다고 하는데
그대들 실재론자들은
그들이 진짜 아라한이 아니라고 주장하네.
그대들의 견해에 의하면 그들의 마음이
실제로 존재하는 것에 아직도 집착하고 있기 때문이라네.

다) 결론 - 오직 해탈만을 구하더라도 역시 공성을 수행해야 한다

9:48 (실재) 그들이 열반 또는 해탈에 도달하여
아라한이 된 것은 번뇌를 버렸기 때문이라 한다면

(중관) 드러난 번뇌만 버리면
아라한이 되는 것처럼 생각하나
그에게는 아직도 윤회 속에
다시 태어날 업의 잠재성이 있다네.

9:49 (실재) 아라한이 버리는 것은 일시적인 것이 아니며,
그들은 윤회에서 다시 태어나지 않나니
그들은 탐욕을 버렸기 때문이라 한다면
(중관) 그러나 그들에게 비번뇌의 무명이 있다고
그대들이 주장하듯이
그들에게는 비번뇌의 탐욕도 있다고
주장해야 하지 않겠는가.

9:50 이들 소위 아라한들에게 즐거운 느낌이 있는데,
이 느낌이 실재로 존재한다고 그들은 이해한다네.
느낌 때문에 탐욕이 생기므로
그들은 틀림없이 탐욕의 지배 밑에 있는 것이네.

9:51 공을 깨닫지 못한 사람이, 거친 번뇌를 일시적으로
버려도 결국 그 번뇌가 다시 나타나는 것은
분별없는 선정이 끝나면
느낌과 분별심이 돌아오기 때문이니
그러므로 공성을 깨달아야 해탈도 가능하다네.

(2) 공성의 지혜는 無住涅槃의 길이다.

9:52 무명으로 고통받는 중생들을 위해 윤회 속에
보살이 남아있을 수 있는 것은, 두 가지 극단인
애착과 두려움으로부터 벗어났기 때문이니
이것은 공성에 대한 명상이 맺은 열매라네.

(3) 결론으로, 공성을 수행하며 의심과 두려움을 갖지 말기를 권한다

9:53 그러므로 공을 받아들이기를
거부하는 것은 옳지 않나니
오히려, 추호도 의심을 갖지 말고
우리는 공성에 대해 명상해야 한다네.

9:54 공성에 대한 깨달음은 번뇌장과 소지장이란
어둠을 쫓아주는 치료제인데
어째서 깨달음을 얻고 싶어 하는 이들이
당장 공성에 대해 명상하지 않는가.

9:55 어떤 것에 대한 두려움이든지
두려움은 윤회의 고통의 주요원인이라네
그러나 공에 대한 명상은 이 고통을 없애주는데
어째서 공을 두려워하는가.

3. 공성을 수행하는 이치에 대해 널리 설한다
1) 人無我를 널리 설한다 (1) 구생아집의 경계를 논파한다

9:56 만일 '나'가 실제로 존재한다면
두려움이 그것을 괴롭힐 것이지만,
그러나 자아나 '나'가 존재하지 않는데
두려움이 괴롭힐 무엇이 있는가.

9:57 치아나 머리카락, 손톱은 '나'가 아니고
뼈도 피도 '나'가 아니며,
콧물도 가래도 '나'가 아니고
림프액(黃水: lymph)이나 고름도 '나'가 아니라네.

9:58 체지방과 땀도 '나'가 아니고
폐와 간도 '나'가 아니며
다른 내장도 '나'가 아니고
대변과 소변도 '나'가 아니라네.

9:59 살이나 피부도 '나'가 아니고
체온과 기(氣)도 '나'가 아니며
신체의 구멍도 '나'가 아니고
여섯 가지 의식도 '나'가 아니라네.

(2) 遍計我執의 경계를 논파한다   가. 상캬아파를 논파한다

9:60 만일 듣는 의식이 영원하다면
그것은 항상 소리를 듣고 있을 것인데
그러나 그 소리가 더 이상 존재하지 않을 때에
어떻게 그것이 계속해서 소리를 들을 수 있겠는가.

9:61 의식할 대상이 없어도 의식이 존재할 수 있다면
나무토막도 의식이 될 수 있을 것이나
그러나 의식할 대상이 없으면
아무것도 의식이라고 볼 수 없다네.

9:62 어째서 형상을 인식하는 의식이
또한 그것을 듣지 못하는가.
(상캬) 소리가 없기 때문에
소리에 대한 의식도 없다고 한다면

9:63 (중관) 어떻게 본래 소리를 인식하는 것이
　　　형상을 인식할 수 있는가.
　　　(상캬) 한 사람이 아들도 되고 아버지도
　　　될 수 있다고 한다면
　　　(중관) 그러나 우리가 그렇게 부를 수 있을 뿐이지
　　　실제로 그의 본성은 둘이 아니라네.

9:64 그대들의 주장에 의하면 별개의 두 개체가
　　　하나의 성질에 속할 수 있다고 하는데
　　　실제로 그런 것은 없다네.
　　　그렇다면 소리의 인식자와
　　　형상의 인식자도 하나의 성질에
　　　속한다고 주장해야 하는데 실제로 그런 것도 없다네.

9:65 (상캬) 배우가 다른 역을 맡듯이,
　　　자아가 형상을 인식할 때 소리 인식은 끝난다고 한다면

(중관) 그렇다면 그 자아는 변함없는 것이 아니라네.
(상캬) 양상은 변해도 본성은 같다고 한다면
(중관) 소리인식과 형상인식이 같다는 말인데
이런 것은 들어본 적이 없다네.

9:66 (상캬) 양상은 그르나 본성은 하나로 진실하고
변하지 않는다고 한다면
(중관) 양상이 그르다면, 어째서 본성은
진실하다고 주장하는가.
(상캬) 단지 의식 있는 인식자라는 점에서
진실하고 같다고 한다면
(중관) 그렇다면 모든 중생이 같다는 결론이 나오며,

9:67 게다가, 의식 있는 것과 없는 것이 모두 같다는
결론이 나온다네.

(상캬) 양상은 그르지만
전반적인 성격은 같고 진실하다고 한다면
(중관) 개별적인 예가 그르다면 어떻게 전반적인
기반이 진실하다고 주장할 수 있는가?

나. 니야야학파(이론파)를 논파한다

9:68 그대가 주장하는 물질적인 자아는
항아리처럼 의식이 없으므로 자아가 될 수 없다네.
(외도) *자아는 물질이지만 마음과 관계를*
갖고 있으므로 대상을 알 수 있다고 한다면

9:69 (중관) 만일 자아가 변하지 않는다면 그것이
의식을 갖고 있다고 해서 무엇이 성취되는가.
의식이 없고 이런 식으로 어떤 활동에도 참가하지
않는 것의 본성은 허공과 같은 것이라네.

나. 논쟁을 끊는다

9:70 (외도) 만일 자아가 없다면 행동과
결과의 관련이 가능하지 않나니,
어떤 행동을 한 사람이 죽으면
누가 그 결과를 겪는가 라고 한다면

9:71 (중관) 행동과 그 행동의 결과의 기반은 같지
않으므로 여기에는 자아가 설 자리가 없다네.
이 점에 관해 그대들과 우리들의 의견이 같으니
더 이상 논의하는 것은 의미가 없는 것이네.

9:72 어떤 행동을 하는 때에 그 행동의 결과를 겪을
사람을 보는 것은 불가능하나니
다만 하나의 마음의 상속체(心相續)에
우리가 행위의 주체와 행위의 결과의 경험자라는
관념을 부여할 뿐이라네.

9:73 과거나 미래의 마음은 '나' 가 아니니,
그것은 존재하지 않기 때문이네.
만일 현재의 마음이 '나' 라면
그 '나' 도 다음 순간에는 존재하지 않다네.

9:74 바나나 나무의 줄기를 조각으로 나눠보면
아무 실체가 없듯이
'나' 도 분석해 보면
실제로 존재하는 개체가 없다네.

9:75 (반론) 중생들이 실제로 존재하지 않는다면
자비심은 누구를 위한 것인가 라고 한다면
(중관) 무지 때문에 자기들이 실제로
존재한다고 생각하는 중생들을 위해 우리는
부처가 되겠다고 약속하는 것이라네.

9:76 (반론) 중생들이 실제로 존재하지 않는다면,
누가 자비에 관한 명상의 결과를 얻는가 라고 한다면
(중관) 자비도 실제로 존재하는 것은 아니지만
중생들의 고통을 없애기 위해, 명목상으로
존재하는 자비는 인정한다네.

9:77 고통의 원인인 '나'에 대한 집착은
자아가 있다는 망상 때문에 증가하나니
그러므로 '나'에 대한 집착을 끊으려면
무아에 대해 명상하는 것이 최고의 방법이라네.

2) 法無我를 널리 설한다 (1) 念處門으로 설한다 가. 身念處

9:78 몸은 발이나 장딴지도 아니며,
넓적다리나 궁둥이도 아니고,
그것은 배나 등도 아니며
가슴이나 팔도 아니라네.

9:79 그것은 손이나 옆구리도 아니고
겨드랑이나 어깻죽지도 아니며
목이나 머리도 아니니
그렇다면 이들 중에서 어느 것이 몸인가.

9:80 (반론) 몸은 이들 모두 안에 부분적으로
존재한다고 본다면
(중관) 부분들 안에 들어있는 것은
부분들일 뿐이니, 몸 자체는 어디에 있는가.

9:81 만일 몸이 손과 모든 다른 부분들 안에
통째로 존재한다면
얼마나 많은 부분들이 있든지 간에
그 부분들만큼 많은 수의 몸이 있는 것이 되네.

9:82 몸은 내부에도 없고 바깥에도 없는데
어떻게 몸이 손과 다른 부분들 안에 있겠는가.
그것은 손과 다른 부분들과 분리되어 있지 않나니
그렇다면 도대체 어떻게 그것을 찾을 수 있는가.

9:83 그러므로 몸은 실제로 존재하지 않다네.
미혹으로 말미암아 우리는 손과 다른 부분들과
관련해서 그들의 특정한 모습 때문에
몸이 있다고 생각하나니
기둥을 보고 그것이 사람이라고 생각하는 것과 같네.

9:84 조건들이 모여 있는 한
그 기둥이 사람처럼 보이듯이
마찬가지로, 손과 다른 부분들이 있는 한
몸이 그것들 안에서 계속해서 보인다네.

9:85 마찬가지로, 발가락이 모여 발을 이루는데
어느 것이 발이라고 할 수 있는가.
마찬가지로, 관절들이 모여 발가락을 이루는데
어느 관절을 발가락이라 할 수 있는가.

9:86 신체의 부분들도 나누어 원자까지 내려갈 수 있고
원자도 방향에 따라 나눌 수 있지만,
방향에는 부분이 없으므로 나누면 공간이 남나니
그러므로 원자는 존재하지 않는다네.

9:87 이렇게 분석해보면, 모든 형상은 꿈과 같은데
어떤 사람이 어떤 형상을 보고 기뻐하겠는가.
그리고 몸이 실제로 존재하지 않는다면
무슨 여자나 남자가 존재하겠는가.

나. 受念處   가) 自性이 있다는 受를 논파한다

9:88 **만일 고통이 실제로 존재한다면, 어째서 그것은
사람들이 기쁠 때에 그들을 괴롭히지 않는가.
만일 맛있는 음식이 즐거움이라면 어째서 그것은
슬픔에 빠져있는 사람에게 즐거움을 주지 않는가.**

9:89 *(반론) 괴로울 때 즐거움을 경험할 수 없는 것은
괴로운 느낌이 즐거운 것을 억누르기 때문이라 한다면
(중관) 경험할 수 없는 느낌을 어떻게
느낌이라 부를 수 있는가.*

9:90 *(반론) 강한 즐거운 느낌이 일어날 때
아직도 미세한 괴로운 느낌이 일어나고 있다고 한다면
(중관) 만일 미세한 괴로움이 있다면 무슨 방법으로
강한 즐거운 느낌이 그것을 압도하는가.*

9:91 만일 괴로운 느낌이 일어나지 않는 것이
즐거운 느낌이 일어났기 때문이라면
'느낌'이라는 개념은 개념적인 조작에
의해 만들어진 그릇된 개념이 아닌가.

9:92 그러므로 이런 분석을 하는 것은
그런 그릇된 개념을 고치기 위해서이니
왜냐하면 이런 분석과정에서 일어나는 선정이
수행자들의 양식이기 때문이라네.

나) 觸에 자성이 있다는 受의 因을 논파한다(破受因 - 觸有自性)
(가) 根과 境이 서로 만남에 자성이 있다는 것을 논파한다

9:93 만일 감각 기관과 그 대상이 공간에 의해 분리되어
있는 경우에 어떻게 그 둘이 접촉할 수 있겠는가.
더구나, 만일 그 둘이 분리되어 있지 않다면 그 둘은
하나인데, 무엇이 무엇과 접촉한단 말인가.

9:94 하나의 원자는 다른 원자에 들어갈 수 없나니
왜냐하면 그것은 빈 공간이 없고
크기가 다른 것과 같기 때문이네.
하나가 다른 것에 들어가지 못하면 그것들은
결합할 수 없고 결합하지 않으면 접촉할 수 없다네.

9:95 도대체 어떻게 부분들이 없는
두 개체가 만날 수 있겠는가.
이것이 가능하다면 증명해 보라.

(나) 境과 識이 서로 만날 때 자성이 있다는 것을 논파한다
9:96 의식은 물질적인 성질을 갖고 있지 않으므로
의식과 형상은 접촉할 수 없다네.

(다) 세 가지가 서로 만남에 자성이 있다는 것을 논파한다
더구나, 앞에서 살펴보았듯이, 합성물도 실제로
존재하지 않으므로 이것과의 접촉도 불가능하다네.

(라) 결론 - 觸에 자성이 없다는 것이 성립한다

9:97 접촉이 실제로 존재하지 않는다면, 접촉으로부터
일어나는 느낌도 실제로 존재하지 않다네.
그런데도 어째서 즐거운 느낌을 얻으려고 애쓰며,
그리고 무엇이 누구를 괴롭힐 수 있겠는가.

9:98 실제로 존재하는 느낌이 없고
그것을 경험할 사람이 없다면
이런 사실을 깨달은 뒤에도 어째서 탐욕을 버리지 않는가.

다) 受의 경계에 자성이 있다는 것을 논파한다

9:99 시각과 촉각은 꿈과 같고
환영과 같다네.

라) 受에 자성이 있다는 것을 논파한다
느낌은 마음과 동시에 일어나므로
마음에 의해 인식되지 않는다네.

9:100 지나간 느낌은 기억은 할 수 있으나
경험할 수는 없으며,
앞으로 일어날 느낌은 아직 일어나지 않아서
경험할 수 없다네.
그래서 느낌은 자신을 경험할 수 없고,
실제로 존재하는 어떤 다른 의식도 그것을
경험할 수 없다네.

9:101 느낌의 경험자가 실제로 존재하지 않고
느낌 자체도 실제로 존재하지 않는데,
어떻게 이 자아 없는 오온의 집합체가
해를 입을 수 있겠는가.

다. 心念處

9:102 마음은 감각 기관에도 없고
행상과 다른 감각의 대상에도 없으며
그들 사이에도 없나니
마음은 내부와 외부
다른 어느 곳에도 보이지 않는다네.

9:103 몸 안에도, 그 밖의 어느 곳에도 없고
가운데에 섞여 있지도 않고
어디에 따로 떨어져 있는 것도 아니니
그러므로 중생들은 본래 해방되어 있는 것이라네.

9:104 만일 의식이 의식의 대상에 앞서 일어난다면
무엇에 의존하여 그것은 일어나는가.
만일 의식이 의식의 대상과 동시에 일어난다면
무엇에 의존하여 그것은 일어나는가.

9:105 만일 의식이 의식의 대상 뒤에 일어난다면
그것은 무엇으로부터 일어나는가.

라. 法念處
이런 식으로 따져보면
의식도 존재하지 않는다는 것이 증명된다네.

(2) 二諦의 논쟁을 끊는다
가. 논리적 비약에 대한 논쟁을 끊는다

9:106 (반론) 그렇다면 세속적인 진리도
존재하지 않게 되고, 세속적인 진리가 없으면
궁극적인 진리도 확립될 수 없는데,
그렇다면 어떻게 중생들이
해탈할 수 있다고 주장할 수 있는가 라고 한다면

9:107 (중관) 세속적인 진리는 중생들의 생각일 뿐이지
그것은 열반한 이들의 세속적인 진리가 아니라네.
열반 후에도 생각이 일어나면 그건 세속적인 것이니,
그렇지 않으면
세속적인 진리는 존재하지 않는 것이라네.

9:108 분석과 분석할 대상은
서로 의존하고, 합의를 기반으로
모든 분석은 사람들이 일반적으로
이해하는 용어로 표현된다네.

나. 無窮過의 논쟁을 끊는다

9:109 (반론) 그러나 분석의 과정이
또 분석의 대상이 되면
이 분석도 마찬가지로 분석될 수 있으므로
분석은 끝이 없는 과정이라고 한다면

9:110 (중관) 모든 것이 실제로 존재하지 않는다는 것을
분석하는 마음이 깨달으면
그 마음의 존재도 부정되나니,
주체와 대상 모두 존재하지 않는 이 상태를
'자연 상태의 열반' 이라고 한다네.

다. 마음과 경계(主客)의 실존은 이론상 근거가 없다

9:111 의식과 대상이 실제로 존재한다고 주장하는
사람들은 자기들의 주장을 유지하기 어렵나니,
만일 의식이 대상의 존재를 보여준다면
무엇이 의식의 존재를 보여주는가.

9:112 만일 대상이 의식의 존재를 보여준다면
무엇이 대상의 존재를 보여주는가.
만일 양쪽이 서로 의존해서 존재한다면
둘 다 실제로 존재할 수 없다네.

9:113 (반론) 아버지가 없다면,
어떻게 아들이 있을 수 있는가 라고 한다면
(중관) 아들이 없으면 아버지도 없듯이
의식과 의식의 대상도 존재하지 않는다네.

9:114 (반론) 새싹이 씨로부터 나온다는 것은
씨가 존재한다는 것을 보여주듯이
의식이 대상으로부터 일어난다는 것은
대상이 존재한다는 것을
보여주지 않는가 라고 한다면

9:115 (중관) 씨가 존재한다는 것은 새싹과 같지 않은
다른 의식이 추론해 낼 수 있으나
대상의 존재를 보여주는 의식이 존재한다는 것을
무엇이 보여주겠는가.

(3) 法無我가 성립하는 바른 원인
가. 金剛屑因 가) 원인 없이 생긴다는 것을 논파한다

9:116 대부분의 현상들은 원인들로부터 일어난다는 것을
일반인들까지도 분명히 알 수 있나니
예를 들어, 연꽃의 줄기와 같은 다른 부분들은
다른 원인들로부터 일어난다네.

9:117 (반론) 무엇이 다른 원인들을 만드는가 라고 한다면
(중관) 선행(先行)하는 다른 원인들이라네.
(반론) 어떻게 원인이 결과를 낳는가 라고 한다면
(중관) 원인 속에 잠재하는 힘 때문이라네.

나) 자재천의 常因으로 생긴다는 것(恒因論)을 논파한다
　　㈀ 자재천의 因으로 생긴다는 것을 논파한다

9:118 **(외도) 이쉬와라**(自在天, Iśvara)**가 만물의 창조자라고 한다면**
　　(중관) 그러면 이쉬와라가 누구인지 설명해 보라.
　　만일 그가 5대 원소라면 그렇게 부르지
　　구태여 애써 '이쉬와라' 라고 부를 필요가 있는가.

9:119 **더구나, 흙과 그 밖의 요소들은 하나가 아니고**
　　무상하고, 스스로 움직일 수 없고 신성(神性)도 없으며
　　우리는 그 위를 밟을 수 있고 그들은 부정하나니,
　　그것들은 그대들이 주장하는 그런 신(神)이 아니라네.

9:120 **공간은 신이 아니니, 자력으로 움직이지 않기 때문이며,**
　　그것은 자아도 아니니,
　　자아는 존재하지 않음이 증명되었다네.
　　만일 그 창조자가 알 수 없는 존재라면
　　그에 관해 얘기하는 것이 무슨 의미가 있는가.

9:121 (중관) 그가 창조하길 원하는 것은 무엇인가.
　　　(외도) 그는 *세계와 중생*
　　　자신의 후속 연속체를 만든다고 한다면
　　　(중관) 그는 영원하므로
　　　그런 것들을 만들어 낼 수 없다네.

9:122 고통과 행복은 행동의 결과인데,
　　　그렇다면 그가 무엇을 창조한단 말인가.
　　　더구나, 어떤 것의 원인에서 시작이 없다면
　　　결과에도 시작이 없을 것이네.

9:123 그가 다른 어떤 것에도 의존하지 않는다면
　　　어째서 그는 계속해서 창조하지 않는가.
　　　그에 의해 창조되지 않은 것이 아무것도 없다면
　　　도대체 그는 무엇에 의존하는가.

9:124 만일 그가 여러 가지 조건에 의존하고 있다면
또다시 그는 신(神)이 아니니,
조건들이 있을 때에 창조하지 않을 힘도 없을 때에
창조할 힘도 그에게는 없을 것이기 때문이네.

9:125 만일 그가 창조하길 바라지 않고도 창조한다면
그는 자신이 아닌 다른 어떤 것의 지배 밑에
있는 것이며, 그가 창조하고 싶어 한다면
그는 욕망의 지배 밑에 있는 것이니
도대체 이런 창조자가 어떻게 전능하겠는가.

(나) 극미를 因으로 생긴다는 것을 논파한다

9:126 세계는 영원한 부분 없는 입자에 의해
창조된다는 주장은 이미 논파되었다네.

다) 他 - 주체를 因으로 생긴다는 것을 논파한다

그대들 상캬파의 주장에 의하면
영원한 일반원칙(원질)이 세계를 창조한다고 하네.

(가) 상키야파의 소견을 말한다

9:127 우주의 구성 요소들인 '즐거움', '고통',
'즐겁지도 괴롭지도 않은 느낌'이 균형상태에
있는 것을 원질(原質, Pradhāna)이라 하고,
우주가 발생하는 것은
이들이 균형을 잃을 때라고 하는데,

(나) 상키야파의 소견을 논파한다   ㄱ. 논파하는 말

9:128 하나의 개체가 세 가지 다른 성질을
갖고 있을 수 없다네.
그러므로 그것은 존재할 수 없으며,
그 개별적인 요소들 역시 존재할 수 없나니
그들 역시 각각 세 가지 성질들로
이루어질 것이기 때문이네.

9:129 더구나 그 성질들이 없으면, 소리와 그 밖의
감각의 대상들의 존재도 가능하지 않으며,
게다가, 천과 같이 의식이 없는 것들이 즐거움 같은
느낌을 갖고 있다고 말할 수는 없다네.

9:130 물질적인 대상이 그러한 감각의 원인이라면
그런 대상은 존재하지 않는다는 것이
이미 밝혀지지 않았는가.
더구나, 그대들의 주장에 의하면 원인은
즐거움과 같은 것이고, 물질적인 대상이 아니라네.

9:131 즐거움 같은 느낌이 천 같은 것들로부터 나온다면
그런 것들이 없으면 즐거움 같은 느낌도
없을 것이네. 더군다나, 즐거움 같은 느낌은
결코 영원한 것이 아니라네.

9:132 만일 즐거움 같은 느낌이 실제로 존재한다면
어째서 그것은 항상 느껴지지 않는가.
(반론) *그것은 미세하기 때문이라 한다면*
(중관) 어떻게 그것이 거칠면서 미세할 수 있는가.

9:133 (반론) 그것들이 거친 상태를 버리면 미세하게 되는데,
거친 상태와 미세한 상태는 무상하다고 한다면
(중관) 그렇다면 어째서 그런 식으로
모든 것이 무상하다고 생각하지 않는가.

9:134 만일 거친 즐거움이 즐거움 자체와 다르지 않다면
분명히 즐거움과 원질은 영원하지 않다네.
그대의 주장에 의하면
결과는 원인과 동시에 존재하지 않는다네.

9:135 그렇다면 그대는,
의도와는 달리 전에 존재하지 않던 것이
새로 발생한다는 것을 받아들이는 것이 되며,
또한 결과가 원인 속에 존재한다면
음식을 먹는 것은 똥을 먹는 것과 같다네.

9:136 그리고 목화씨를 천 가격으로 사서
옷으로 입는 것과 마찬가지가 될 것이네.
보통 사람들이 이것을 알지 못하는 것은
무지 때문이라고 그대가 주장한다면
모든 걸 안다는 그대들의 스승은
이미 알고 있으리라.

9:137 보통 사람들까지도 그것을 알고 있으리니
어떻게 그들이 그것을 모르겠는가.
보통 사람들의 앎에는 타당성이 없다고
그대가 주장한다면
그들의 눈에 분명히 보이는 것도 타당하지 않을 것이네.

ㄴ. 中觀宗은 같은 과오를 범하지 않는다　ㄱ) 논쟁을 일으킨다

9:138 (반론) 그러나 만일 그들의 앎에 타당성이 없다면
그들에 의해 확립된 모든 지식도 타당하지 않을 것이며,
그대들이 주장하는 공(空)도
타당하지 않은 것이므로 공에 대한 명상도
아무 의미가 없게 된다고 한다면,

ㄴ) 대답

9:139 (중관) 존재하는 것으로 잘못 생각하는
어떤 것을 이해하지 못하면
그것이 존재하지 않는다는 것도 이해할 수 없나니,
왜냐하면 어떤 것이 잘못된 것이면
그것의 비존재도 분명히 잘못된 것이기 때문이라네.

9:140 예를 들어 꿈에 아들이 죽었을 때
'그가 존재하지 않는다.' 는 생각이
그의 존재에 대한 생각이 일어나는 것을 막는데
그것 역시 그릇된 생각이라네.

라) 결론으로 四邊生을 논파한다

9:141 이런 분석을 통해 알 수 있듯이
아무것도 원인 없이 존재하지 않으며
개별적인 원인이든 복합적인 원인이든
아무것도 원인 속에 존재하지 않는다네.

9:142 아무것도 어떤 다른 것으로부터 나오지 않고
아무것도 남아있지도 떠나지도 않나니,

나. 緣에서 생기는 바른 원인
바보들이 실제라고 믿는 것과 환영이 어떻게 다른가.

9:143 여기에 대해 생각해 보라
무엇이 환영에 의해 만들어지고,
무엇이 원인들에 의해 만들어지는가.
그들은 각각 어디서 와서 어디로 가는가.

9:144 그것은 어떤 다른 것이 있을 때만 보이고
없을 때에는 보이지 않는데
비쳐진 그림자와 같이, 만들어진 어떤 것이
어떻게 실제로 존재할 수 있겠는가.

다. 破有無生正因　가) 生有自性을 논파한다

9:145 만일 어떤 것이 실제로 존재한다면
그것을 만들 원인이 무슨 필요가 있겠는가.
그리고 만일 어떤 것이 존재하지 않는다면
또한, 원인이 무슨 필요가 있겠는가.

9:146 백천만 가지 원인이 있더라도
비존재를 존재로 바꿀 수는 없는 것이며
만일 그것이 비존재로 남아있다면
어떻게 그것이 존재가 될 수 있겠는가.

9:147 아무 존재도 없다면
언제 존재가 일어날 수 있겠는가.
존재가 일어나지 않는 한
비존재 자체가 사라지지 않을 것이기 때문이네.

9:148 그리고 만일 비존재가 사라지지 않으면
존재가 일어날 가능성이 없나니
존재하는 것은 비존재가 될 수 없기 때문이며,
그렇다면 한 개체가 두 가지 서로 용납하지 않는
성질을 갖게 되는 모순이 일어나기 때문이네.

나) 結破滅有自性

9:149 그처럼 발생하는 것이 없으므로
소멸하는 것도 없나니
그러므로 중생들은 실제로
태어나지도 죽지도 않는다네.

다) 결론적으로 윤회와 열반이 둘이 아님이 성립한다

9:150 중생들은 꿈속의 대상 같고
실체가 없는 무지개와 같나니
아무것도 실제로 존재하는 것이 없으므로
열반과 윤회도 차이가 없다네.

Ⅲ. 空性을 수행하여 자타가 이익 되기를 권한다
1. 공성의 지혜를 깨달으면 자신의 마음을 맑게 할 수 있다

9:151 **모든 것이 이렇게 공(空)한데,**
얻을 게 무엇이 있고 잃을 게 무엇이 있겠으며,
누가 있어 나를 칭찬하고
누가 있어 나를 비난하겠는가.

9:152 **무엇으로 행복이나 불행이 나올 수 있겠는가.**
무엇을 좋아하고 무엇을 싫어할 수 있겠는가.
궁극적인 진리로 비춰 볼 때
누가 있어 탐을 내고 무엇이 있어 탐내겠는가.

9:153 **이렇게 분석해 볼 때**
누가 이 세상에 살고 누가 실제로 죽겠는가.
누가 앞으로 태어나고 누가 지금까지 태어났겠는가.
누가 친척이고 누가 누구의 친구인가.

9:154 모든 것은 허공과 같다(=공하다)는 것을
나처럼 완전히 깨달을지니,

2. 공성을 깨달으면 무연자비를 일으킬 수 있다.
1) 윤회의 과환에서 대자비를 나타내는 소연 (1) 現生의 過患

이것이야말로 윤회의 뿌리를 자를
가장 예리한 칼이요
깨달음에 이르는 가장 중요한 길이라네.

9:155 사람들은 모두 행복을 바라지만
대부분의 시간을 고통 속에서 보내고 있나니
자신의 욕망을 채우려고 남들과 싸우고 해치며
온갖 악행을 저지르기 때문이라네.

(2) 來世의 과환

9:156 때로는 삼선도(三善道)에 다시 태어나서
잠시 일시적인 행복을 누리지만
죽어서는 다시 삼악도에 떨어져서
오랫동안 고통을 겪는다네.

9:157 이 세상에는 고통에 이르는 함정들이 많아
해탈에 이르는 공(空)의 길을 찾기 어렵지만,
그러나 윤회의 세계에 있는 동안 공의 길을 찾지 못하면
우리는 존재에 대한 집착으로 묶여 있게 된다네.

9:158 우리는 계속해서 끝없는 고통을 겪게 되는데
그 고통은 너무도 견딜 수 없어
비교조차 할 수 없으며,
거기에서는 힘도 부족하고, 수명 또한 짧다네.

(3) 暇滿은 얻기 어렵다

9:159 삶과 건강, 굶주림과 피로를 덜기 위해
모든 활동을 하며 애써 노력하지만
그러나, 가만의 시간은 잠과 온갖 사고와 부상과
어리석은 이들과의 쓸데없는 교제로 소모된다네.

9:160 그리하여 인생은 빠르게 의미 없이 지나가고
공(空)을 깨닫기는 너무나 어려우니
이런 상태에서 번뇌로 말미암아
마음이 흩어지는 것을 막을 방도가 어디에 있겠는가.

9:161 더구나, 악한 세력들이 악도에 던져 넣으려고
끊임없이 애를 쓰고 있고
우리들을 잘못 인도할 그릇된 길은 많아
의심은 극복하기 어렵다네.

9:162 그리고 불법을 수행할 여가는 다시 얻기 어렵고
깨달은 스승(=부처님)을 만나기는 더욱 어려우며
번뇌의 홍수 막기 어려우니
아, 이 무슨 고통의 연속인가.

(4) 중생을 인연하여 자비를 일으킨다

9:163 오, 가엾어라! 이토록 지독한
고통의 홍수에 표류하면서도
자기들 자신의 비참한 처지를
깨닫지 못하고 있으니!

9:164 예를 들어, 어떤 고행자들은 찬 물 속에
들어갔다가 나와서, 자신을 불로
태우고 또 태우면서 큰 고통을 겪지만
자신들은 행복하다고 자랑스럽게 주장한다네.

9:165 사람들은 이렇게 살면서 자기들이
늙거나 죽지 않을 것처럼 생각하지만
결국 염라왕에게 잡혀 무서운 고통을 받고
견딜 수 없는 악도의 고통 속으로 던져진다네.

2) 無緣大悲의 마음을 나타낸다

9:166 나의 공덕의 구름에서
하염없이 쏟아지는 행복의 비로
모든 중생들을 괴롭히는
저 고통의 불길이 꺼지게 하소서!

9:167 그리고 부지런히 공덕을 쌓고
공성(空性)을 깨달은 지혜를 갖춰
아집 때문에 고통받는 모든 중생들에게
제가 공성을 가르치게 하소서!

『입보살행론』에서 「지혜바라밀」을 나타낸 제9장이다.

입보살행론
지복에 이르는 보살의 길

제10장
회향품

입보살행론
지복에 이르는 보살의 길

제10장 회향품

Ⅰ. 전체적인 廻向

10:1 제가 보살의 수행법에 대한
이 책을 지어 쌓은 공덕으로
모든 중생들이 부처님처럼
깨어있는 삶을 살게 하소서!

Ⅱ. 개별적인 廻向
 1. 이타를 위한 회향 1) 세간 중생에게 회향한다 (1) 총원 이고득락

10:2 어디에서나 몸과 마음으로
고통받는 이들이 모두
저의 공덕의 힘으로
한량없는 기쁨과 행복을 얻게 하소서!

10:3 그들이 윤회 속에 남아있는 한
그들에게 금생의 행복이 줄지 않고
궁극에는 모두
부처님의 영원한 행복을 누리게 하소서!

(2) 별원 - 악취의 고통을 제거한다
가. 지옥고를 제거하기를 원한다 가) 저절로 제거되기를

10:4 이 세상 어디에서든지
지옥의 고통을 겪고 있는
몸을 가진 이들이 모두
극락정토의 기쁨을 누리게 하소서!

10:5 추위에 떠는 이들은 따뜻함을 얻고
보살의 공덕과 지혜의 구름들로부터
시원한 단비가 내려
더위에 시달리는 이들은 시원함을 얻게 하소서.

10:6 칼산지옥의 숲은
즐거운 놀이동산으로 바뀌고
깨진 쇠와 가시로 된 나무들은 모두
소원을 이뤄주는 여의수로 바뀌게 하소서!

10:7 지옥의 구역들은 즐거운 호수로 바뀌어
크고 향기로운 연꽃으로 장엄되고
백조와 거위, 물새들의
아름다운 노래 소리 울려 퍼지게 하소서!

10:8 타오르는 불더미는 보석더미로 바뀌고
벌겋게 뜨거운 대지는 시원한 수정바닥으로 되며
어마어마한 지옥의 산들은 천상의 궁전이 되어
많은 부처님들이 머무시게 하소서!

10:9 쏟아지는 불타는 석탄, 용암, 칼들이
꽃비로 바뀌게 하시고
무기로 하던 모든 싸움이 이제부턴
꽃을 주고 받는 놀이가 되게 하소서!

10:10 불 같은 염산의 급류 속에 빠져 살이 떨어져나가
백합같이 흰 뼈가 드러난 이들이
천신과 같은 몸을 받아
평화로운 냇물에서 여신들과 노닐게 하소서!

나) 보살을 인해 제거하기를

10:11 염라왕의 옥졸과 까마귀, 독수리들도
갑자기 두려움 속에서 지켜보게 하는
빛나는 금강수(바즈라파니) 보살의 모습을 뵈면서
모두가 악업에서 벗어나 금강수 보살을
따르게 하소서!

10:12 연꽃 비가 향기로운 물과 함께 떨어져서
끊임없이 타오르는 지옥의 불이 꺼지고
지옥중생들이 갑자기 기쁨으로 힘을 얻어
홍련화(紅蓮華)를 드신
관세음 보살을 보게 하소서!

10:13 '친구들이여,
두려움을 버리고 빨리 오라!' 하시며
빛나는 머리카락을 묶어 올리신
이 젊고 자비로우신 보살은
모든 중생들을 구해 주시고 보호해 주시며
모든 고통을 덜어주시고
기쁨은 증장시켜 주시나니.

10:14 이 분의 찬란한 거처는 천 명의 신들의
찬양이 울려 퍼지고
그의 연화좌 앞엔 수백의 신들이
공경의 표시로 왕관을 내려놓고
머리 위엔 꽃비가 떨어지나니
자비로 촉촉히 눈이 젖어있는
문수사리 보살을 뵙고 지옥중생들이
기뻐하게 하소서!

10:15 그리고 저의 선근 공덕으로
즐거운 구름들이 시원하고 향기로운 비를 내려
보현 보살을 비롯한 여러 보살들에 의해
모든 중생들의 장애가 씻겨지고 그들이 모두
최고의 안락을 누리게 하소서!

나. 아귀와 축생의 고를 제거하기를 원한다

10:16 잡아먹힐까봐 움츠리며 떨고 있는
모든 축생들이 두려움에서 해방되게 하시고
굶주린 아귀 귀신들은
북구로주에 사는 이들처럼 행복해지게 하소서!

10:17 관세음보살의 자비로운 손에서
흘러나오는 감로의 물줄기로
아귀들이 굶주린 배를 채우고 목욕하며
항상 상쾌하고 청량함을 얻게 하소서!

(3) 인천의 선취에 회향한다 가. 온갖 고통을 여의기를 원한다

10:18 앞 못 보는 이들이 앞을 보고
소리를 못 듣는 이들이 소리를 듣게 하시며
출산이 가까운 여인들이 마야데비 왕비처럼
고통 없이 분만하게 하소서!

10:19 옷이 없는 이들은 옷을 얻고
굶주린 이들은 배불리 먹고
목마른 이들은 깨끗하고 감미로운
마실 것을 마시게 하소서!

10:20 가난한 이들은 재물을 얻고
슬픔에 젖어있는 이들은 기쁨을 얻으며
절망에 빠져있는 이들은
희망을 되찾게 하소서!

10:21 병들어 신음하는 이들은
속히 모든 질병에서 벗어나고
중생들을 괴롭히는 모든 질병들이
하나도 남김없이 모두 사라지게 하소서!

10:22 두려움에 떠는 이들은 두려움에서 벗어나고
갇혀있는 이들은 풀려나 자유를 얻게 하며
힘이 없는 이들은 힘을 얻고
모든 이들이 서로서로 아끼며 도우게 하소서!

10:23 길 떠나는 이들은
어딜 가나 행복하고
고생하지 않고 어려움 없이
필요한 것을 얻게 하소서!

10:24 배를 타고 여행하는 이들은
목적지에 안전하게 도착하고
무사히 돌아와 친척 친구들과
재회의 기쁨을 나누게 하소서!

10:25 길을 잃고 헤매며 괴로워하는 이들은
　　　함께 여행하던 이들과 다시 만나고
　　　도둑이나 맹수의 두려움 없이
　　　고생하지 않고 편안하게 여행하게 하소서

10:26 길이 없는 외딴 곳에서 보호받지 못해
　　　어쩔 줄 모르는 아이들과 노인들
　　　정신이 온전치 않은 이들이
　　　선량한 천신들의 보호를 받게 하소서!

　　나. 구하는 것이 원만해지기를 원한다
　　　가) 세간의 이익이 원만해지기를 원한다
　　　(가) 인간의 이익이 원만해짐을 얻기를 원한다

10:27 여가가 없는 이들은 여가를 얻고
　　　지혜와 신심과 자비심을 갖추고서
　　　바른 생업에 종사하며
　　　살아있는 동안 항상 억념하며 깨어있게 하소서!

10:28 **누구나 허공처럼**
　무한한 재물을 향수함에 부족함이 없고
　마음대로 즐기면서
　남들을 해치거나 미워하지 않게 하소서!

10:29 **기품(氣品)이 없는 이들은**
　위대한 힘으로 빛나게 하시고
　고생으로 몸이 상한 이들은
　아름답고 원만한 몸을 갖게 하소서!

10:30 **모든 중생들이 어디서나**
　원하는 성(性)으로 다시 태어나고
　지위가 낮은 이들은 고귀함을 성취하며
　그래도 전혀 오만하지 않게 하소서!

10:31 제가 쌓은 이 복덕으로
모든 중생들이 하나도 예외없이
모든 악행을 버리고
항상 선업만 짓게 하소서!

(나) 바른 진리의 길에 들기를 원한다

10:32 언제나 보리심과 멀어지지 않고
항상 보살의 길을 걸으며
부처님의 완전한 가호를 받아
마군의 업을 모두 버리게 하소서!

(다) 정토를 이루기를 원한다

10:33 모든 중생들이 빠짐없이
무량한 장수를 누리며,
언제나 행복하게 살면서
'죽음'이란 말조차 듣지 않게 하소서!

10:34 이 세상 모든 곳이
여의수(如意樹) 정원으로 바뀌어
부처님과 보살들의 감미로운 가르침의 소리가
시방에 가득 울려 퍼지게 하소서!

10:35 온 대지가 청정하여
큰 돌이나 절벽 등도 하나 없이
손바닥처럼 평평하고
청금석처럼 매끈하게 하소서!

10:36 그리고 수많은 제자들을 위해
수많은 보살들이 출현하시어
이 세상의 모든 곳을
자신의 온갖 빛으로 아름답게 장엄하게 하소서!

10:37 새들로부터 나무에 이르기까지
햇빛으로부터 하늘 끝에 이르기까지
모든 중생들이 하나도 빠짐없이
끊임없이 부처님 가르침의 소리를 듣게 하소서!

10:38 그들이 언제나 부처님과
부처님의 후예이신 불자(=보살)들을 만나
구름같이 많은 공양을 올리면서
세상의 스승이신 부처님께 헌신하게 하소서!

10:39 천신이 때 맞춰 비를 내려
언제나 수확이 풍성하게 하시고
통치자들은 법에 따라 다스리어
세간 모두가 번영을 누리게 하소서!

10:40 모든 약은 효험이 있으며
　　 진언을 외우면 네 가지 사업이 성취되게 하시고
　　 사람 잡아먹는 나찰 귀신들은
　　 자비심으로 가득하게 하소서!

10:41 어떤 중생들도 육체적인 고통이나
　　 정신적인 고통을 겪지 않고
　　 두려움과 멸시를 당하지 않으며
　　 아무도 불안이나 슬픔이 없게 하소서!

　　 나) 출세간적인 이익이 원만하기를 원한다
10:42 절에서는 경 읽는 소리와 염불소리가
　　 장엄하게 울려 퍼지고
　　 승가 대중은 언제나 화합하며
　　 승가의 본뜻을 모두 성취하게 하소서!

10:43 수행하길 원하는 비구들은
조용한 곳 적정처를 얻어
산람함을 모두 다 버리고
마음대로 수행하게 하소서!

10:44 비구니들은 필요한 것을 얻어
말다툼이나 해악을 여의게 하시고
이와 같이 모든 출가자는
모든 계율에서 벗어나지 않게 하소서!

10:45 계율을 어겼을 때는 바로 참회하여
죄업을 정화하도록 항상 노력하고
그리하여 선취에 다시 태어나서
계행을 지키며 중단 없이 수행을 계속하게 하소서!

10:46 현명하고 지혜로운 이들이
언제나 공양을 받을 수 있게 하시며
그의 마음이 청정하여
명성이 시방에 널리 퍼져나가게 하소서!

10:47 중생들이 악도의 고통을 겪지 않고
길을 잘못 들어 힘들게 수행하지 않으며,
신(神)들보다 더 좋은 몸을 얻어
빨리 부처님의 경지에 오르게 하소서!

(4) 총결
10:48 일체중생들이 끊임없이
모든 부처님들께 공양을 올리며
한없는 부처님의 지복(至福)으로
항상 행복을 누리게 하소서!

2) 출세간의 성자에게 회향한다

10:49 모든 보살들은 본래의 서원따라
중생들을 위한 이익을 이루게 하시고
모든 중생들은 보호자이신
부처님께서 의도하시는 것을 다 얻게 하소서!

10:50 이와 같이
모든 연각과 성문들도
이제 최고의 안락을 얻게 하소서!

2. 자리를 위해 회향한다

10:51 저 역시 문수사리보살의 가피로
환희지를 얻을 때까지
모든 생에서 언제나 바르게 억념하며
출리심을 가지게 하소서!

10:52 항상 검소하게 살며 검소하게 먹고
모든 내생 동안 고요한 곳 적정처에 머물면서
제 수행의 목표를 이룰
원만한 조건을 얻게 하소서!

10:53 언제든지 뵙고 싶거나
조그만 의문이라도 있을 때는
보호주이신 문수사리보살의 자성이
걸림없이 드러나게 하소서!

10:54 시방의 허공 끝에 이를 때까지
중생의 모든 이익을 이루기 위해,
문수사리보살께서 행하신 대로
저도 함께 따라 행하게 하소서!

10:55 허공계가 존재하는 한
　　　중생계가 존재하는 한
　　　저도 함께 따라 머물며
　　　중생의 고통을 소멸하게 하소서!

10:56 중생의 고통이 무엇이든
　　　모두 제 안에서 있게 하시고
　　　그들은 보살 승가의 대중과 더불어
　　　모두 안락을 누리게 하소서!

10:57 고통의 유일한 치료제이고
　　　모든 안락과 행복의 원천인
　　　부처님의 가르침이, 존중 받으면서
　　　오래 오래 이 세상에 남아있게 하소서!

Ⅲ. 은혜를 생각하며 예경한다

10:58 자비롭게도 제가 좋은 뜻을 펴도록
인도하여 주신 문수사리보살께 예경하나이다.
제가 성장할 수 있도록 항상 이끌어 주시는
저의 선지식(=스승)들께도 예경하나이다.

「입보살행론」에서 「회향품」을 나타낸 제10장이다.

입보살행론

지복에 이르는 보살의 길

 후 기

『입보살행론(티벳譯名, 梵語名:入菩利行論)』을 지은 샨티데바 보살은 서기 7세기 후반에 인도에서 태어났다. 날란다 대승원(大僧院)의 17논사 가운데 한 분이고, 특히 시문에 뛰어난 중관학자(中觀學者)이기도 하다.

부처님의 지고한 가르침이 아비달마불교시대를 거치며 정체되고 관념화되어 갈 때, 보리(깨달음)의 이상을 완성하는 지고한 삶의 실천적인 생명력으로 다시 꽃피운 것이 「대승불교운동」이었다.

'부처님의 가르침으로 되돌아가자!' 는 이러한 초기대승운동도 중기를 지나 후기 대승불교시대가 되자 다시 대승정신은 고착화되고, 실천적인 수행도 관념화되어 갈 때, 중관적(中觀的)인 공성(空性)의 지혜를 바탕으로 수행자의 현실적인 삶에서 어떻게 보리심을 일으켜야 하고, 어떻게 보리심을 배우고 실천할 것인가 하는 구체적인 방법들을 육바라밀의 체계 내에서 명쾌하게 제시한 것이 샨티데바 보살의 『입보살행론』이다.

『입보살행론』은 전체 10장(품)으로 구성되어 있는데, 제1장 '보리심의 공덕' 은 사람들에게 진실하게 보리심을 내도록 권하고 있다. 진정으로 보리심을 내기 전에 먼저 삼보에 귀의하고 널리 공양하고, 또한 죄업을 참회하는 것이 제2장 '악업의 정화(懺悔罪業)' 이다. 이어서 수희(隨喜)와 권청(勸請)을 닦고, 쌓은 복덕을 널리 회향한다. 그리고 나서 원보리심(願

菩提心)을 일으키고 보살계를 수지하는 것이 제3장 '행보리심 일으키기(受持菩提心)'인데, 이 세 장의 요점은 아직 일어나지 않은 세속의 원보리심과 행보리심을 일으키게 하는데 있다.

그리고 계를 받고나서 게으르지 않게 정진(不放逸)을 닦아서 보살의 학처를 어기지 않도록 하는 것이 제4장 '보리심 지키기(不放逸)'이다. 제5장 '지계와 정지(護戒正知)'의 요점은 보살의 학처를 수호하는 것이다. '인욕(安忍)'을 닦아 보살행의 심리 장애를 제거하는 것이 제6장 '인욕바라밀(忍辱)'인데, 이상의 세 장의 요점은 우리가 어떻게 이미 일으킨 보리심과 받은 보살계를 수지하여 그것들이 오염되는 일이 없게 하고 물러나 잃지 않게 하는가를 가르치고 격려하는데 있다.

더 나아가 보살행을 늘리기 위해 정진을 닦는 것이 제7장 '정진바라밀(정진)'이다. 우선 '선정(사마타)'을 닦아서 혼미하고 산란한 것을 멈춘 뒤에 '자타교환(통렌)'을 닦으며 세속 보리심을 더욱 강화하는 것이 제8장 '선정바라밀(靜慮)'이다. 제법의 실상(=空性의 智慧)을 통달하기 위해 승의(勝義) 보리심을 이끌어내어 일체 번뇌를 끊어버리고 지혜를 닦는 것이 제9장 지혜바라밀(智慧)'인데, 이 세 장의 요점은 이미 견고한 세속 보리심을 증진시키며 정화시키도록 하고, 한편으로는 순수하여 물들지 않은 승의 보리심을 구하며, 또한 이 힘으로 출세간의 바라밀을 행하여 청정한 복덕과 지혜의 두 가지 자량을 늘려 10지를 단계적으로 올라가 구경에 이르고자 하는 것이다.

그리고 『입보살행론』을 찬술한 선업 공덕을 일체중생에게 회향하는 것이 제10장 '회향품' 인데, '회향' 은 복덕을 끝없이 늘이는 또 다른 방편이기도 하다.

요컨대, 어떻게 보리심을 일으키고, 나아가 어떻게 육바라밀을 수행하여 복덕과 지혜의 자량을 증장시키고 어머니였던 일체중생을 이익되게 할 것인가 하는 것이 바로 『입보살행론』의 주요 내용이라 할 수 있다.

이와 같이 『입보살행론』에는 치밀하고 정치한 논리 속에 깊은 철학적인 통찰력이 있는가 하면, 명쾌하고 심오한 비유 속에 더욱 간절한 가르침을 내포하고 있는 것이어서, 이 『입보살행론』에 관해 인도에서만 100여부의 주석이 있었다고 하며, 더욱이 인도 후기 대승불교에서 가장 유행한 문학 작품이라고도 할 수 있다.

하지만 『입보살행론』이 중국 송나라 때 천식재(天息災)에 의해 『보리행경(菩提行經)』으로 한역(漢譯 ; 제3장, 제4장은 누락됨) 되었으나 한역 권에서는 여러 가지 인연으로 주목 받지 못했다.

그러나 티벳으로 전해지자 티벳불교 각 종파의 학승들도 수많은 주석을 남겼는데, 특히 위대한 티벳불교 중흥조 쫑카빠 대사가 그의 『람림첸모(菩提道次第廣論)』에서 인용한 『입보살행론』의 게송은 셀 수 없을 정도로 많다. 이런 관심 속에 티벳불교에서는 『입보살행론』을 승속이 함께 보리심 수행의 근본 보전으로 수지하고 있으며, 특히 달라이 라마 존자님께서는 지금까지 여러 차례 구전(口傳)과 법문을 해 주셨다.

이러한 여건 속에 달라이 라마 존자님께서 한국불자를 위해 설해 주신 특별법문의 가피도 있지만, 청전 스님, 홍정식 님, 최명중 님, 김영로 님이 훌륭하게 주석과 번역으로 소개해 준 인연으로 비로소 우리도 샨티데바 보살의 고구정녕한 입보살행의 말씀으로 바르게 보리심을 일으킬 수 있고, 지복에 이르는 불자의 길을 헤매지 않고 곧바로 찾아갈 수 있게 된 데에 깊은 감사와 찬탄을 드리고 싶다.

이 『입보살행론 - 지복에 이르는 보살의 길』은 인도 다람살라에서 달라이 라마 존자님께 구전을 받고(2006년), 까르마빠 존자님이 주석하시는 규또밀교대학(GYUTO TANTRIC UNIVERSITY 上密院)에서 존귀하신 스승님의 가피 속에 비로소 「람림」과 「보리심」에 눈을 뜨고 걸음마를 시작하면서 정리한 것이다.

샨티데바 보살도 「회향품」의 마지막 게송에서 "자비롭게도 제가 좋은 뜻을 펴도록 인도하여 주신 문수사리보살님께 예경하오며, 제가 성

장할 수 있도록 항상 이끌어 주시는 저의 선지식들께도 예경하나이다." 라고 하셨듯이, 「람림(보리도차제)」과 공성의 지혜와 자비가 함께 하는 「보리심」으로 가만(暇滿)의 삶과 수행의 참 가치를 일깨워 바른 길로 이끌어 주신 존자님과 은·법사의 모든 스승님, 특히 더 많은 인연들이 지복에 이르는 보살의 길을 함께 갈 수 있는 기회를 마련해 주신 불교TV 無縫性愚 대율사 큰스님의 법은(法恩)에 보답하는 길은 '오직 스승이 기뻐하시도록 수행하는 것' 뿐임을 다시금 가슴에 새기며 공경히 예경드립니다.

그리고 출판계의 열악한 여건에서도 흔쾌히 보살행의 길라잡이를 잘 만들어 주신 도서출판 부다가야의 김주환 사장님께도 찬탄과 감사를 드리며, 이러한 많은 인연의 힘으로 만나게 된 『입보살행론』을, 단지 읽고 이해하는 것으로 덮어 두는 것이 아니라, 가만(暇滿)의 이 삶에서 샨티데바 보살이 일러 준 지복에 이르는 보살의 길을 따라, 어머니였던 일체 중생을 온전히 이익되게 하기 위해, 지혜와 자비가 함께 하는 보리심의 배를 타고 지복(至福)의 저 언덕에 도달하여 온갖 바라밀을 모두 성취하고 일체지를 이루게 되기를 두 손 모아 기원하고 또 기원드린다.

ཇང་ཆུབ་སེམས་མཆོག་རིན་པོ་ཆེ། མ་སྐྱེས་པ་རྣམས་སྐྱེ་གྱུར་ཅིག
སྐྱེས་པ་ཉམས་པ་མེད་པ་ཡི། གོང་ནས་གོང་དུ་འཕེལ་བར་ཤོག །

장춥 쎔촉 린뽀체 마꼐 빠남 꼐규르찍
꼐빠 냠빠 메빠이 공네 공두 펠와르쇽

보배와 같은 보리심이 아직 없으면 바로 생겨나게 하시고
이미 생겼으면 쇠퇴하지 않고 더욱더 증대하게 하소서.

불기 2553('09)년 3월 길상스러운 날

람림의 마을(까르마장춥종) 菩提苑에서

비구 古天 釋 慧能(텐진 윗쑹)

* 「람림(=菩提道次第)의 마을 보리원」은
부처님의 가르침으로 업(karma 까르마;業)을 정화하고
보리심으로 깨어 있는(byang-chub 장춥;菩提) 삶을 사는
「보리심 행자」들의 수행 공동체(IJongs 종;마을;苑)입니다.